Osnabrücker Schriften zu Produktion und Logistik

Herausgegeben von

Marcus Seifert, Fakultät Management, Kultur und Technik,
Hochschule Osnabrück, Osnabrück, Deutschland

AF210615

„Digitalisierung und KI in der Logistik"

Neue Konzepte, Erfolgsfaktoren und Best Practice

Tagungsband

5. Osnabrücker Logistik Forum

Wolfgang Bode

Lutz Mardorf

Marcus Seifert

Richard Steinkamp

(Hrsg.)

Osnabrück, Nov. 2023

Impressum

Logis.Net – Institut für Produktion und Logistik
Science to Business GmbH – Hochschule Osnabrück
Albert-Einstein-Str. 1,
49076 Osnabrück
Logis.net@hs-osnabrueck.de

Redaktionelle Bearbeitung: Jan Niklas Busch

Herstellung und Verlag: BoD – Books on Demand, Norderstedt

ISBN: 9783759760944

Vorwort

Die Digitalisierung von Lieferketten und organisatorischen Prozessen sowie die Einbindung der Künstlichen Intelligenz gehören bereits heute zu den Schwerpunkt-Themen, welche die Transportlogistik unterstützen werden. Die zukünftige Logistik benötigt für ihre reibungslose Abwicklung der Prozesse unter weiter steigendem Termindruck und größer werdenden Engpässen bei der Besetzung von Arbeitsplätzen digitale Innovationen. Das Ziel dabei ist, den erwarteten Service Level in komplexer werdenden Märkten kostengünstig und mit weniger verfügbarem Personal langfristig zu gewährleisten.

Eine Unterstützung durch Technologien der Künstlichen Intelligenz kann die Prozessqualität und –effizienz erhöhen. Dazu wird ein digitales Wissensnetz mit Metadaten und im Kontext angereichertem Informationsinhalt notwendig werden, welches aber hohe Sicherheits-anforderungen z.B. durch die Blockchain-Technologie erfordert. Nur so führen Digitalisierung und Künstliche Intelligenz zu einer automatisierten und hochflexiblen Logistik, die ein vorausschauendes Handeln ermöglicht. Kapazitätsmanagement, Routenplanung, Netz-planung und ein Risikomanagement ermöglichen dem Transort-logistiker Angebote zu erstellen, die eine genaue Ausrichtung auf die Bedürfnisse des Kunden gewährleisten. Automatisierung und Optimierung von Logistikprozessen über KI erschließt hohe Effizienzpotenziale: Die heute schon schlanken Lieferketten-beziehungen sind sehr klar und direkt, sodass Ursachen in einem Teilabschnitt sofortige Auswirkungen mit nur wenigen Verzerrungen z.B. durch Redundanzen oder Puffer auf weitere Abschnitte haben. Ursache-Wirkungsbeziehungen sind mit der

Digitalisierung und der Künstlichen Intelligenz sehr gut berechenbar und vorhersagbar.

Im Rahmen des diesjährigen Osnabrücker Logistik Forums sollen praxisbewährte Konzepte, Erfolgsfaktoren und Best Practices von Unternehmern vorgestellt und diskutiert werden, um den Nutzen und Optionen für den eigenen Betrieb abschätzen zu können. Dabei richtet sich das Logistik Forum an Fachkräfte und Entscheidungsträger in der Logistik.

Prof. Dr.-Ing. Marcus Seifert
Tagungsleitung
Hochschule Osnabrück/Logis.Net

Inhaltsverzeichnis

Grußwort zur Eröffnung OLF 2023

Frank Hesse
IHK Osnabrück - Emsland - Grafschaft Bentheim

Im Namen unserer IHK heiße ich alle Teilnehmer am diesjährigen Osnabrücker Logistikforum herzlich willkommen. Im Mittelpunkt der Veranstaltung steht die das Thema „Digital-isierung und KI in der Logistik".

Lassen Sie mich zunächst kurz die Rahmenbedingungen der Branche erläutern.

Abbildung 1: IHK-Konjukturklimaindex

Wirtschaftskrise trifft Logistikbranche in besonderem Maße

Wir erleben zurzeit eine Wirtschaftskrise historischen Ausmaßes. Wir sind mit einen Giftcocktail konfrontiert, der es der Wirtschaft schwer macht. Erstens führen die enormen Steigerungen bei den Energie- und Produktpreisen zu dramatischen Kaufkraftverlusten und drohen in vielen Unternehmen die Produktion unrentabel zu machen. Zweitens führt der Krieg in der Ukraine zu Materialengpässen und hohen Rohstoffpreisen. All dies belastet die exportorientierte deutsche Wirtschaft überdurchschnittlich stark.

In unserer aktuellen regionalen IHK-Konjunkturumfrage geht der IHK-Konjunkturklimaindex erheblich zurück (blaue Linie in Folie 1). Er lag zuletzt im Herbst mit 67 Punkten deutlich unterhalb des langjährigen Durchschnitts von 107 Punkten. Sowohl die gegenwärtige als auch die erwartete Geschäftslage werden deutlich negativer bewertet als in der Vorumfrage.

Davon ist auch die Logistikbranche betroffen, siehe graue Linie. Dort berichtet momentan nur jedes zwanzigste Unternehmen von einer guten Geschäftslage. 54 % sagen, dass die Geschäfte aktuell schlecht laufen. Per Saldo ist dort also fast jedes zweite Unternehmen unzufrieden.

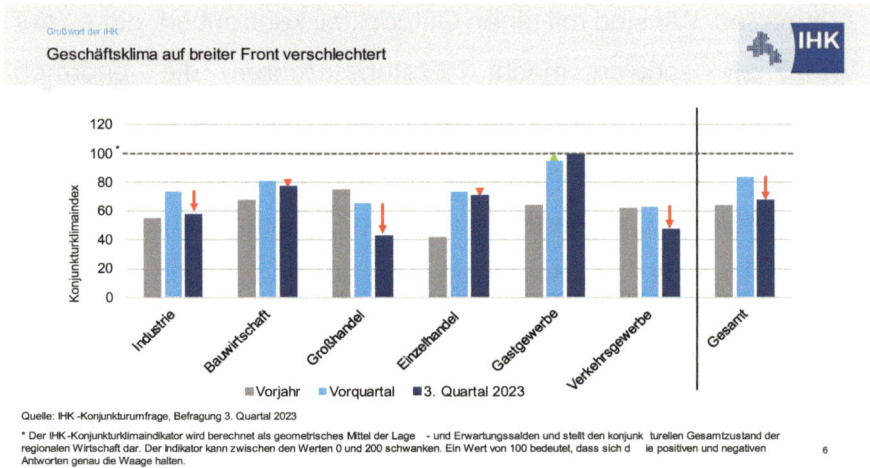

Abbildung 2: Geschäftsklima

Logistik im Branchenvergleich ist besonders belastet

Im Branchevergleich zeigt sich, dass die Logistikwirtschaft – ebenso wie der Großhandel – in der Region besonders belastet ist. Der Konjunkturklimaindex, der sich aus der Bewertung von Lage und Erwartungen der Unternehmen zusammensetzt, sackte hier deutlich auf unter 50 Punkte ab. Das ist der niedrigste Wert aller Wirtschaftszweige. In der Logistik machen sich insbesondere die gestiegenen Energiepreise, aber auch die nicht zuletzt wegen der deutlichen Inflation im Jahr 2023 schwächelnde Nachfrage schon jetzt besonders bemerkbar.

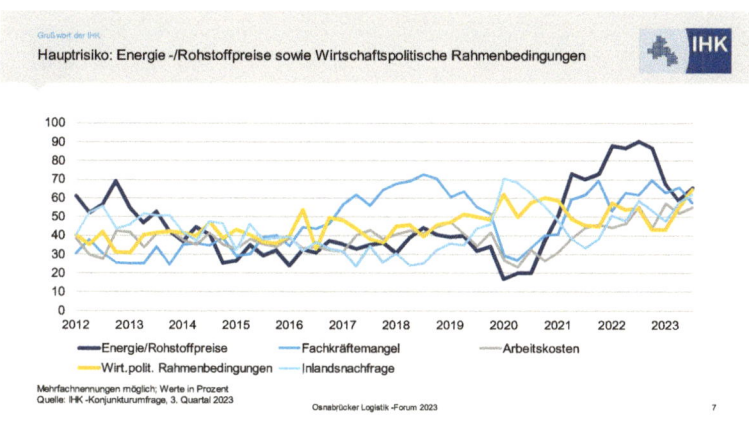

Abbildung 3: Risiken für Unternehmen

Summe der Geschäftsrisiken ist derzeit so hoch wie nie

Letztlich sind es aber nicht einzelne Risikofaktoren, die die Betriebe vor Herausforderungen stellen. Es ist die Summe unterschiedlicher Risiken, die – anders als in früheren Jahren – alle gleichzeitig die Unternehmen bedrohen. Neben den Energie- und Rohstoffpreisen (für 66 Prozent der Betriebe ein Risiko) bedrücken die wirtschaftspolitischen Rahmenbedingungen (65 Prozent), die schwächelnde Inlandsnachfrage (62 Prozent), der Fachkräftemangel (57 Prozent) und die Arbeitskosten (55 Prozent) die Logistikwirtschaft. Die Summe der Risiken ist damit im Zeitvergleich auf Rekordniveau. Unternehmen benennen im Schnitt mehr als drei von insgesamt acht verschiedenen Geschäftsrisiken. Im vergangenen Jahrzehnt lag dieser Wert durchgehend unter 2,5.

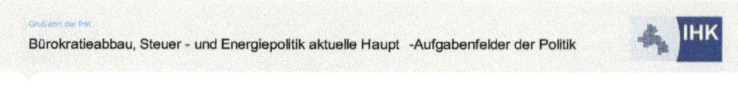

Abbildung 4: Bürokratieempfinden

Unternehmen erwarten schnelle Entlastungen

Entsprechend der aktuell schwierigen Wirtschaftslage erwarten Betriebe dringend schnelle Entlastungen. Ganz oben auf der Agenda steht dabei ein Bürokratieentlastungsgesetz. Nahezu 80% erhoffen sich dadurch Impulse. Allerdings wird dies nicht ausreichen, um die Betriebe von Bürokratielasten zu befreien – zumal immer neue Bürokratielasten hinzukommen. Ein Beispiel ist das deutsche Lieferkettensorgfaltspflichtengesetz, das seit Januar 2023 gilt. Mit ihm sollen größere Unternehmen in die Pflicht genommen werden, entlang der kompletten Wertschöpfungskette menschenrechts- und umweltbezogene Risiken zu identifizieren und zu beseitigen. Laut einer DIHK-Umfrage belastet das Gesetz die deutsche Wirtschaft in der gesamten Breite erheblich. Als wäre dies nicht genug, hat auch die EU-

Kommission Anfang des Jahres einen eigenen Richtlinien-vorschlag für ein EU-Lieferkettengesetz vorgelegt, der weit über das deutsche Pendant hinausgeht. Das Beispiel zeigt, dass die Belastungen der Betriebe eher zu- als abnehmen.

Abbildung 5: Bedeutung der Verkehrsinfrastruktur

Logistikbranche braucht breite Akzeptanz

Speziell bezogen auf die Logistik braucht es ein breites Bekenntnis, dass Logistik eine wesentliche Voraussetzung für den Wohlstand in Deutschland ist. Das setzt breite Akzeptanz in der Gesellschaft voraus. Dazu gehören auch die notwendigen Investitionen in die Infrastruktur, sowohl hinsichtlich des Neu-baus als auch des Erhalts.

Auch bei Kostenbelastungen sollte erkennbar sein, dass die Interessen der Branche ausreichend berücksichtigt werden. Die aktuelle Erhöhung des CO_2-Aufschlags zeigt eher das Gegenteil. Der Bundestag hat zuletzt einen CO_2-Aufschlag von 200 Euro pro Tonne CO_2 beschlossen. In der Konsequenz bedeutet das nahezu eine Mautverdopplung. Die zusätzlichen Einnahmen fließen dagegen nicht in die Finanzierung der Verkehrs-infrastruktur, kommen der Branche also in keiner Weise zugute. Für die Branche sind nicht einmal ausreichend Alternativen vorhanden. So ist eine ausreichende E-Ladeinfrastruktur, die zur Vermeidung von CO_2-Emissionen erforderlich wäre, nicht verfügbar. Das Beispiel verdeutlicht, dass die Belange der Branche derzeit vielfach kaum angemessen berücksichtigt werden.

Abbildung 6: Digitalisierung im Verkehrssektor

Digitalisierung und KI bieten Chancen für die Logistik

Vor dem Hintergrund der aktuellen Belastungen ist es unausweichlich, dass die Logistikwirtschaft konsequent Optimierungspotenziale realisiert. Besondere Bedeutung kommt dabei der Nutzung digitaler Lösungen und insbesondere der Künstlichen Intelligenz zu. Sie ermöglichen etwa, Leerfahrten vermeiden und Fahrzeiten zu optimieren und damit die Auslastung der Infrastruktur zu verbessern. Zudem können durch Digitalisierung flexible und transparente Tarifstrukturen befördert werden. Auch verknüpft sich damit die Hoffnung, dass digitalisierte Planverfahren Genehmigungen beschleunigen werden. Wird Digitalisierung konsequent umgesetzt, ergäben sich deutliche Impulse für die Branche.

Viele Unternehmen sind dabei schon weit fortgeschritten: Sie sind deutlich digitaler und damit wettbewerbsfähiger geworden. Genau darüber werden wir heute diskutieren!

Aktueller Stand der Digitalisierung und KI als Unterstützungsmöglichkeit in der Transportlogistik aus Sicht der Wissenschaft

Prof. Dr.-Ing. Lutz Mardorf

Technische Thermodynamik - Hochschule Osnabrück

Abstract

Die moderne Logistik beruht auf einer reibungslosen Abwicklung der Prozesse unter weiter steigendem Termindruck. Dies erfordert fehlerfreie Abläufe dieser Prozesse, nicht nur, um eine optimale Kundenerfahrung zu sichern, sondern natürlich auch, um die Kosten im Zaum zu halten. Der Einsatz von Künstlicher Intelligenz hebt die Prozessqualität und -effizienz auch in der Logistik auf eine neue Ebene. Die Digitalisierung und die Künstliche Intelligenz ermöglichen ein vorausschauendes Handeln in einer automatisierten und hochflexiblen Logistik. Neben einer kurzen Einführung in digitale Systeme werden Anwendungen in der Transportlogistik aufgezeigt. Ausgehend von den Grundlagen der Künstlichen Intelligenz kommen die Methoden des maschinellen Lernens und eine Vielzahl von Sensorik und digitalen Techniken zum Einsatz. Es werden einige KI-Techniken in der Logistik aufgezeigt. Für eine Anwendung in der Transportlogistik wird eine Heuristik und mit ausgewählten Algorithmen vorgestellt und beispielhaft angewendet. Nachdem OpenAI die Software-Version GPT-3 im November 2022 für die Öffentlichkeit kostenfrei zugänglich gemacht hatte, werden ständig auch Anwendungen für Unternehmen besprochen. Abschließend wird u.a. auf die Anwendung des textbasierten Chatbots ChatGPT eingegangen. ChatGPT kann als virtueller Assistent fungieren und bei Suche nach Lösungen für strategische Entscheidungen angewendet werden.

1. Digitale Systeme

Die Digitalisierung von Lieferketten und internen Prozessen, die künstliche Intelligenz (KI) sowie das autonome Fahren und Disponieren sind die Themen, mit denen sich die Logistikbranche aktuell beschäftigt. Hier hofft die Branche schon lange auf Entlastung durch die Möglichkeiten der Digitalisierung, die sich beispielsweise durch autonomes Fahren, Platooning oder eine automatisierte Verkettung der Transportmodi, wie sie im Kombinierten Verkehr zu Land Wasser und Luft vorkommt ergibt.

1.1 Grundlagen

Unter Digitalisierung versteht man im Allgemeinen die Überführung analoger Größen in diskrete Werte, um diese in Datenbanken zu speichern und mit Algorithmen zu analysieren. Die Umwandlung von analogen Werten in digitale Formate und die Überführung von Informationen von einer analogen in eine digitale Speicherform ermöglicht die Optimierung im Kundenservice oder ermöglicht die Steuerung der Lieferkette. Dabei werden eine Vielzahl von digitalen Techniken wie z.B. die Sensorik, die Bilderkennung und –analyse und das textbasierte Datenmanagement eingesetzt.

Ein Beispiel für die Sensorik und die Umwandlung von einem analogen in ein digitales Format ist die Temperaturerfassung. Während ein herkömmliches Flüssigkeitsthermometer (mit Quecksilber oder Alkohol) stufenlose Signale mit theoretisch unendlich vielen Werten durch das Ablesen mit dem menschlichen Auge hergibt, liefert ein digitales Thermometer Werte im Binärzahlensystem mit 0 und 1.

Der Temperaturwert wird durch eine elektrische Spannung (Thermoelement) oder durch einen elektrischen Strom (Widerstands-thermometer) dargestellt, welcher in kleinen Schritten digital auf dem Display angezeigt wird und als digitaler Wert für die Weiterverarbeitung zur Verfügung steht. Die Digitale Daten werden mit elektronischen Datenverarbeitungssystemen wie Computern erzeugt, bearbeitet, verwaltet und prä-sentiert. Eine Zentraleinheit ist mit Eingabegeräten und Ausgabegeräten verbunden [1].

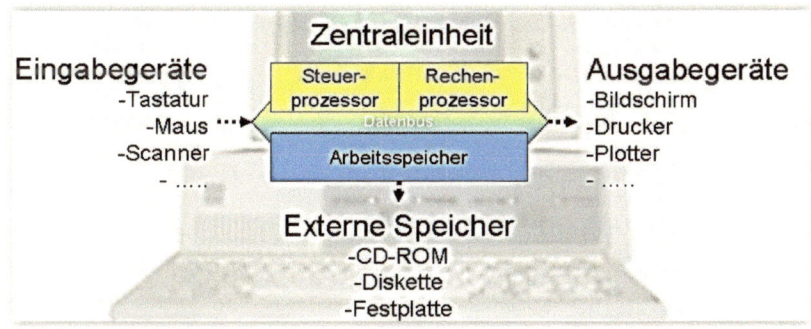

Abbildung 7: Hardware und Software in der Digitalisierung

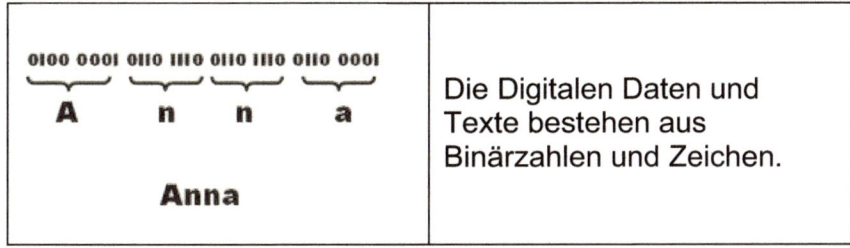

Bei Bilderkennung und –analyse wird die Bedeutung von sprachlichen Zeichen und Zeichenfolgen in Verbindung zu Symbolen gebracht. Dies wird als Semantik bezeichnet und beschäftigt sich mit dem Inhalt und der Bedeutung von Zeichenketten. Dabei spielt es keine Rolle, ob die Zeichen in schriftlicher, sprachlicher, graphischer oder nonverbaler Form vorliegen. Gesten sind in diesem Sinne also auch Zeichen. In der Informatik steht das Wort „Semantik" ganz allgemein für die Bedeutung von Informationen. Im Mittelpunkt der semantischen Technologie steht vordergründing die systemtechnische, d. h.

maschinenlesbare Anreicherung von Content (Informationsinhalt) mit Bedeutung und Kontext. Der Content wird anhand
vorab   festgelegter **Metadaten** in   seiner   Beschaffenheit
strukturiert, formal beschrieben und dadurch mit maschinen-
lesbarer Bedeutung angereichert.

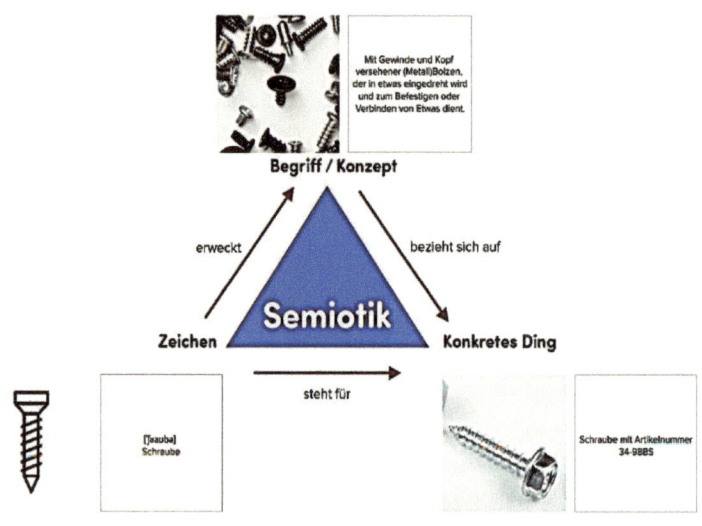

Abbildung 8: Symbole der Semantik (dictJet Ingenieurgesellschaft mbH, Berlin 2023)

Die Metadaten werden in einem Wortnetz organisiert. D. h. sie
werden in ihrer Bedeutung eindeutig definiert, über Synonyme,
Homonyme usw. abgegrenzt und in Ober- und Unterbegriffen
hierarchisch organisiert. So können digitale Systeme verstehen,
worum es im jeweiligen Inhalt geht [2].

1.2 Anwendungen in der Transportlogistik

1.2.1 Digitaler Frachtbrief

Mit dem Umstellen auf den digitalen Frachtbrief gehört u.a. die Spedition Schmid zu den Pionieren der Containerbranche. Angesichts der zum Teil sieben- bis achtstelligen Warenwerte pro Container standen die Auftraggeber dem papierlosen Transport aber sehr skeptisch gegenüber. Die Verlader wollen normalerweise etwas Schriftliches in der Hand haben, wenn sie ihre Container übernehmen. Gleiches gilt für die Ablieferung. Die Empfangsquittung erfolgte bis dato immer auf dem analogen Frachtbrief, der zugleich als Abrechnungsgrundlage für den Transport fungierte. Beim digitalen Frachtbrief entfällt auch hier das haptische Erlebnis. Die Übergabe herkömmlicher Frachtbriefe im Büro sowie Druck- und Papierkosten entfallen. Die quittierten Frachtbriefe liegen direkt nach dem Entladen vor und man kann direkt abrechnen.

Mit der Blockchain-Technologie konnten die Voraussetzungen für einen absolut sicheren Gebrauch des digitalen Frachtbriefs erfüllt werden. Es wurde hierfür ein Prozess definiert, bei dem jeder Frachtbrief einen unverwechselbaren Hashkey erhält. Dieser Schlüssel wird gemeinsam mit einer Transaktionsnummer an die Blockchain übertragen. Die hohen Sicherheitsanforderungen werden durch die Blockchain-Technologie gewährleistet. Ein Blockchain besteht aus einer großen Anzahl von Rechnern, auf denen die codierten Daten der quittierten Frachtbriefe gespeichert werden. Der Hashkey wird nach einem genormten mathematischen Verfahren aus den im Frachtbrief enthaltenen Daten errechnet und umfasst 256 Stellen. Jede nachträgliche Änderung am Frachtbrief würde automatisch auch den Hashkey verändern, der dann nicht mehr mit den in der Blockchain hinterlegten Werten übereinstimmen würde. Die vier zugrundeliegenden Prozessschritte der Blockchain-Technologie und des vernetzten Supply Chain sind:

(1) Contract Agreement (Vertragsvereinbarung),
(2) Track & Trace (Ortung und Verfolgung),
(3) Contract Validation (Validierung des Vertrages)
(4) Conditional Settlement (bedingungsgebundene Vertragsausführung)

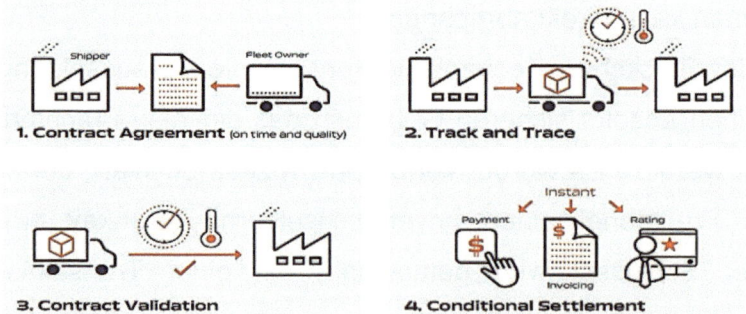

Abbildung 9: Blockchain-Technologie und Supply Chain (Fleet Board, Daimler Truck AG, 2023)

1.2.2 Digitale Fahrassistenz

Die Durchführung eines Großraum- und Schwer-transportes (GST) kann bis zu mehreren Monaten Vorbereitungszeit in Anspruch nehmen. Der zeitliche Aufwand für das Genehmigungsverfahren ist dabei am höchsten. Zur Beschleunigung der Verfahrensabläufe wurde bundesweit das internetbasierten Genehmigungsverfahren VEMAGS (Verfahrensmanagement für Großraum- und Schwertransporte) eingeführt.

Eine digitale Fahrassistenz für Großraum- und Schwertransport-unternehmen wurde in dem Forschungs-projekt „Digital unter-stützte Prozesse zur Genehmigung und Durchführung von Großraum- und Schwertransporte (GST)" der TH Köln entwickelt und bei der Sommer GmbH&Co angewendet. Die zertifizierte digitale Fahr-assistenz wurde für die Großraum- und Schwer-transportbranche entwickelt. Sie unterstützt sowohl den LKW-Fahrer als auch den Begleitwagenfahrer dabei, die Route der Genehmigung/ Erlaubnis als auch die damit verbundenen Auflagen einzuhalten. Die digitale Fahr-assistenz fungiert offiziell als sogenannter e-Beifahrer, eine Alternative zu dem menschlichen Beifahrer. Jeder Transportdurchführer kann somit ab sofort in Bayern, NRW, Brandenburg und Saarland zwischen einem menschlichen und dem digitalen e-Beifahrer entscheiden.

Die digitale Fahrassistenz bietet ähnlich wie ein Navi eine visuelle Darstellung und auditive Ansage der genehmigten Fahrtroute sowie der Fahrauflagen und Hinweise an.

Die Digitale Fahrassistenz liefert eine Unterstützung für den LKW-Fahrer und das Begleitfahrzeug bei der Einhaltung der Genehmigung /Erlaubnis und der verbundenen Auflagen auf der vorgesehenen Route. Dabei wird die Sondernutzungserlaubnis für besondere Fahrstecken berücksichtigt. Dabei wird eine visuelle und auditive Wiedergabe der genehmigten Fahrstrecke und Fahrauflagen/ -hinweise angezeigt. Die Wiedergabe ist in 13 verschiedenen Sprachen verfügbar.

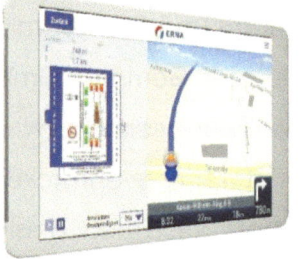

Abbildung 10: Digitale Fahrassistenz (TH Köln 2022 und Sommer GmbH&Co. Hörstel-Dreierwalde 2023)

Das Forschungsprojekt zielte darauf ab, dass Genehmigungsverfahren für Großraum- und Schwertransporte, sowie die Durchführung für alle Beteiligten effektiver und transparenter zu gestalten. Auf der Basis von 3D-Scandaten der zu fahrenden Transportstrecke wurden innovative Lösungsansätze entwickelt, um die Digitalisierung bei Großraum- und Schwertransporten weiter zu realisieren. Mit den ausgewerteten 3D-Scandaten und einem zugehörigen Simulationsmodell des Großraum- und Schwertransportes samt Ladegut, werden die zugehörigen Schleppkurven mithilfe eines Algorithmus berechnet. Mithilfe der entwickelten Lösungsansätze können Genehmigungsverfahren zukünftig vereinfacht, sicherer und nachvollziehbarer gestaltet werden.

Eine digitale Karte kann VEMAGS und dessen Prozesse ergänzen und noch effizienter machen. Die zu fahrende Transportstrecke des Großraum- und Schwertransports, kann von den Genehmigungsbehörden digital angesehen und überprüft werden, und durch die Behörden mit allen Auflagen versehen werden. Dadurch liegt der Genehmigungsbescheid für den durchzuführenden Großraum- und Schwertransport dann nicht mehr rein in Papierform vor, sondern in digitaler Form. Der digitale Genehmigungsbescheid ist dabei nicht nur in Textform dokumentiert, sondern an geeigneten Stellen durch Videosequenzen und Bilder ergänzt. Das entstehende Datenpaket soll ebenfalls dazu dienen, dem Fahrer des Großraumund Schwertransports, sowie dem Fahrer des Begleitfahrzeuges verständliche Hinweise und Handlungsanweisungen zu geben [3].

1.2.3 Digitale Systeme in der Transportlogistik

Der überbetriebliche Transport ist ein wesentliches Element in der Supply Chain und oft auch ein sehr kritischer: sei es aus Kosten-, Zeit- oder Effizienzgründen, z.B. wenn es um Fahrer- und Fahrzeugkapazitäten, Ladeprozesse, Netz- und Streckenplanungen oder auch nur die optimale Güterverteilung geht. Dazu wurde die Transportlogistik 4.0 definiert. Sie ist gegeben durch die daten- und vernetzungsbasierte Unterstützung überbetrieblicher Transporte mittels digitaler Technologien zur transparenteren, agileren und effizienteren Steuerung, Organisation, Durchführung und Abwicklung.

Die Transportlogistik 4.0 entwickelt sich auf vier Ebenen. Im Kontext sind die folgenden Betrachtungsebenen zu unterscheiden, für welche unterschiedliche Technologien und Konzepte relevant sind:

- Transportmittel:
physische Assets, die im Transportprozess zum Einsatz kommen.

- Prozesse rund um den Transport.

- Ausführendes Unternehmen:
Im Fokus stehen die Unternehmen selbst und deren Herausforderungen rund um das Thema.
- Unternehmensnetzwerk aus direkten und indirekten Partnern.

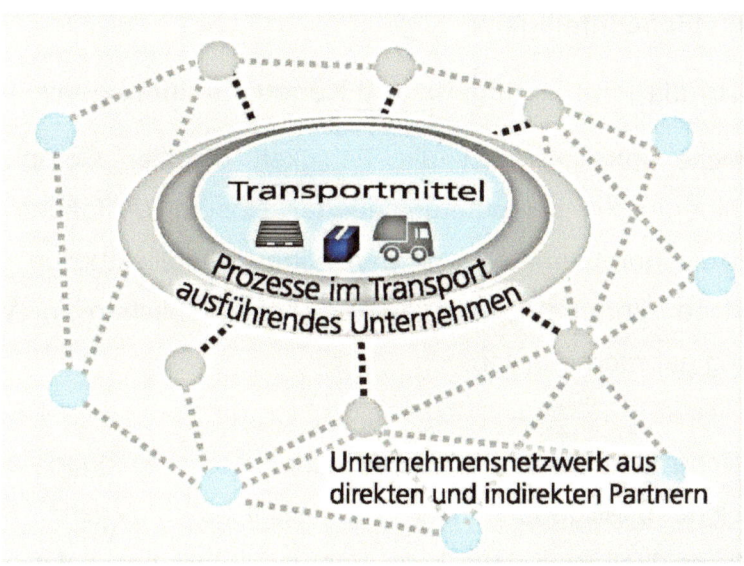

Abbildung 11: Digitale Systeme in der Transportlogistik [4]

Die generierten Daten und Informationen können durch eine Cloud über mobile Computing und mit einer Software-unterstützung mobil den richtigen Adressaten im richtigen Umfang an einem beliebigen Ort verfügbar gemacht werden [4].

Mehr Digitalisierung und ein besser geplanter Einsatz der LKW-Flotte konnten Leerfahrten vermeiden. Im Jahr 1995 betrug der Leerkilometer-Anteil deutscher Lkw´s 28,6 % und fiel im Jahr 2007 auf 19,8 %. Durch die Digitalisierung stieg er im Jahr 2021 trotz höherem Frachtaufkommen nur auf 22,8 %. (Quelle: Kraft-Bundesamt, Berechnung des BGL, 9-022

2. Künstliche Intelligenz

2.1 Grundlagen - Intelligenz und Künstliche Intelligenz

Künstliche Intelligenz ist die Fähigkeit digitaler Computer, Maschinen oder computergesteuerter Roboter Aufgaben zu lösen, die normalerweise mit den höheren intellektuellen und kognitiven Verarbeitungsfähigkeiten von Menschen in Verbindung gebracht werden.

Künstliche Intelligenz ist auf den Menschen bezogen, aber Künstliche Intelligenz ist keine menschliche Intelligenz. Man könnte es Maschinenintelligenz nennen. Intelligenz setzt man ein, wenn man nicht weiß, was man tun soll. Weiß die maschinelle Intelligenz, was sie tun soll? Betrachtet man den Menschen so zeigt sich, alles „Intelligente" findet im Zentralnervensystem statt.

Das menschliche Gehirn besteht aus ca.100 Milliarden miteinander vernetzten Neuronen. Die Übertragung von Informationen zwischen Neuronen erfolgt durch elektrische Impulse.
Für die Künstliche Intelligenz werden die menschlichen Neuronen durch künstliche Neuronen ersetzt und mit Hilfe von Algorithmen trainiert.

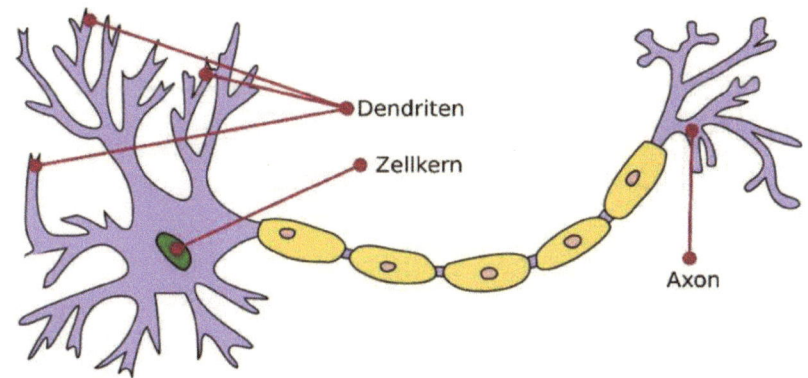

Abbildung 12: Schema menschliches Gehirn (Quasar Jarosz 2009)

Dendriten: Reizaufnahme (Signaleingang

Axon: Leitet Informationen weiter (Signalausgang)

Zellkern: Reizverarbeitung (Signalverarbeitung)

Für die Künstliche Intelligenz werden die menschlichen Neuronen durch künstliche Neuronen ersetzt und mit Hilfe von Algorithmen trainiert.

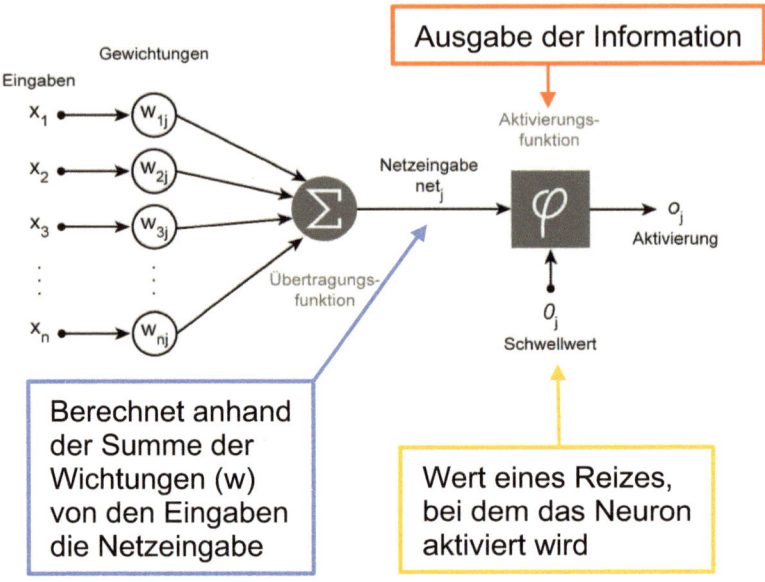

Abbildung 13: Schema künstliche Neuronen (datasolut GmbH, Köln 2023)

Die Übertragungsfunktion berechnet von den Eingaben anhand der Summe der Wichtungen (w_{ie}) die Netzeingabe net_i. Die Aktivierungsfunktion erzeugt dann die Ausgabe der Information unter Berücksichtigung eines Wertes, eines Reizes, bei dem das Neutron aktiviert wird. Einen genauen Schaltplan eines Gehirns zu erstellen, ist aber aus heutiger Sicht gar nicht mehr erstrebenswert, denn die Struktur des Gehirns ist adaptiv.

Künstliche Intelligenz kann zwar mit Bedeutungen umgehen, aber Maschinen haben keinen freien Willen. Die Maschine kann mit uns sprechen, aber sie hat kein Bewusstsein. Sie wird immer programmiert, mit großer Vielzahl von Daten, Metadaten, umzugehen. Metadaten sind Daten über andere Daten. Allen Metadaten ist gemein, dass sie die Dinge, die sie beschreiben, aus verschiedenen Dimensionen erschließen [5].

Dazu gehören in der Regel:

- Benennungen (z.B. Kennzeichnung, Beschriftung, Titel, etc.)
- Zeitliche Dimension (Datums- und Zeitangaben)
- Größe / Umfang
- Geographische Dimension
- Verhältnis zu natürlichen Personen oder Institutionen / Körperschaften
- Inhaltliche Dimension (z.B. Verschlagwortung)
- Rechtliche Dimension (Besitzverhältnisse, Lizenzangaben)

2.2 Maschinelles Lernen (Ml) und Sensorik

Machine Learning (ML) ist ein Fachgebiet, das sich mit Algorithmen, statistischen Modellen und Computer-systemen befasst. Das Ziel von ML ist es, Computern die Fähigkeit zu vermitteln, zu lernen und Aufgaben zu erledigen, ohne explizit dafür programmiert zu werden. Neuronale Netze, die eine kom-plexe Form haben, werden tiefe neuronale Netze genannt. Die

Schaffung tiefer neuronaler Netze wird als Deep Learning bezeichnet,

Ein ML-Modell kann mit einem Trainingssatz so lange trainiert werden, bis es das richtige Verhalten erlernt hat. Hierbei wird ein ML-Modell mit einer großen Anzahl an Paaren aus Daten und zugehörigen Labeln trainiert. Nach der Trainingsphase kann dann das ML-System auch Daten erfolgreich klassifizieren, die nicht im Trainingsset enthalten sind.

Neben der Bild- und der Symbolerkennung kann auch anderes Wissen wie gesprochene Sprache, die Klassifikation von Tätigkeiten aus Bewegbilden oder Klassifikation von Dokumenten auf Basis von Schlüsselwörtern erlernt werden [6]. Künstliche neuronale Netzwerke erkennen und erlernen Muster aus großen Datenmengen mit Algorithmen, ohne vorher darauf programmiert worden zu sein.

2.3 Anwendung von digitalen Techniken und Sensorik

Künstliche Intelligenz beschreibt nicht eine bestimmte Technologie, sondern eine Vielzahl an Techniken, die Computersysteme intelligent erscheinen lassen – weil sie in der Lage sind, Dinge wahrzunehmen, Probleme zu lösen oder eigenständig bzw. vom Menschen assistiert Handlungen auszuführen. Diese Technologien basieren zumeist auf großen

Datenmengen aus einer Vielzahl an digitalen Techniken.

Abbildung 14: Digitale Techniken und Sensorik (V. Tresp, Ludwig-Maximilian-Universität München 2022)

2.4 Heuristik und Algorithmen

Die Heuristik ist ein Problemlösungsansatz, der auf die Suche nach einem suboptimalen, aber akzeptablen Lösungsweg abzielt. Sie kann in vielen Fällen zu einer schnelleren Lösung führen als die uninformierte Suche. Die Methode basiert auf der Annahme, dass es in der Regel schneller und einfacher ist, eine suboptimale Lösung zu finden, als eine optimale Lösung. Heuristiken können in vielen Bereichen angewendet werden, zum Beispiel bei der Suche nach einem geeigneten Standort für ein neues Unternehmen oder bei der Planung einer Reiseroute.

In diesem Abschnitt wird zunächst ein klassisches Problem der Wegfindung betrachtet. Wie findet man in einem Graphen die kürzeste Verbindung von Knoten? Dieses Problem hat vielfältige Anwendungen, nicht nur die, bei denen man heutzutage ein Navi einsetzt. Zur mathematischen Modellierung einer Heuristik wird eine heuristische Bewertungsfunktion f(s) für Zustände verwendet. Die Kanten der Graphen sind dabei mit Weglänge (Luftlinienentfernung) gekennzeichnet. Von einem gegebenen Startknoten s aus traversiert man den Graphen, entdeckt und untersucht nach und nach alle von s aus erreichbaren Knoten und berechnet dabei die Länge der kürzesten Wege von „s" zu jedem untersuchten Knoten. Sobald wir die Länge des kürzesten Pfades zum gegebenen Zielknoten bestimmt haben, brechen wir die Suche ab. Der Algorithmus entspricht dabei einer Breitensuche. Der Algorithmus hat die Bezeichnung A*-Algorithmus. Wenn man auf der Suche bis zum aktuellen Knoten s die angefallenen Kosten mitberücksichtigt, definiert man eine Kostenfunktion g(s). Die Kostenfunktion ergibt die Summe der vom Start bis aktuellen Knoten angefallenen Kosten. Addiert man zu dieser Kostenfunktion g(s) die Kostenfunktion aus der Luftlinienentfernung h(s) dazu, entsteht für die heuristische Suche eine Bewertungsfunktion

$$f(s) = g(s) + h(s).$$

Dieser Algorithmus ist vollständig und optimal. A* findet also bei jedem lösbaren Problem immer die kürzeste Lösung [7].

Viele der heute praktisch eingesetzten Navigations-systeme in Fahrzeugen verwenden den A*-Algorithmus. Auch wenn die Verwendung des Luftlinienabstandes vom aktuellen Knoten zum Ziel eine einfach aber schon recht gute Heuristik anbietet, kann durch die Verwendung von Landmarken die Heuristik für die Routenplanung gegenüber der Luftlinienmethode verbessert werden. Die Landmarkenheuristik reduziert den Suchraum noch weiter. Die Heuristik für die Routenplanung kann damit schneller berechnet werden.

2.5 Anwendungen in der Transportlogistik

2.5.1 Optimale Routenplanung vom Start bis zu dem vorgegebenen Ziel

Unter dem Namen der Stadt s ist in der folgenden Grafik jeweils die heuristische Bewertungsfunktion f(s), die Kostenfunktion g(s) und die Luftlinienentfernung h(s) angegeben.

Gesucht ist in diesem Beispiel die kürzeste Verbindung von Frankfurt (Start) nach Ulm (Ziel). Unter Verwendung des A+-Algorithmus.

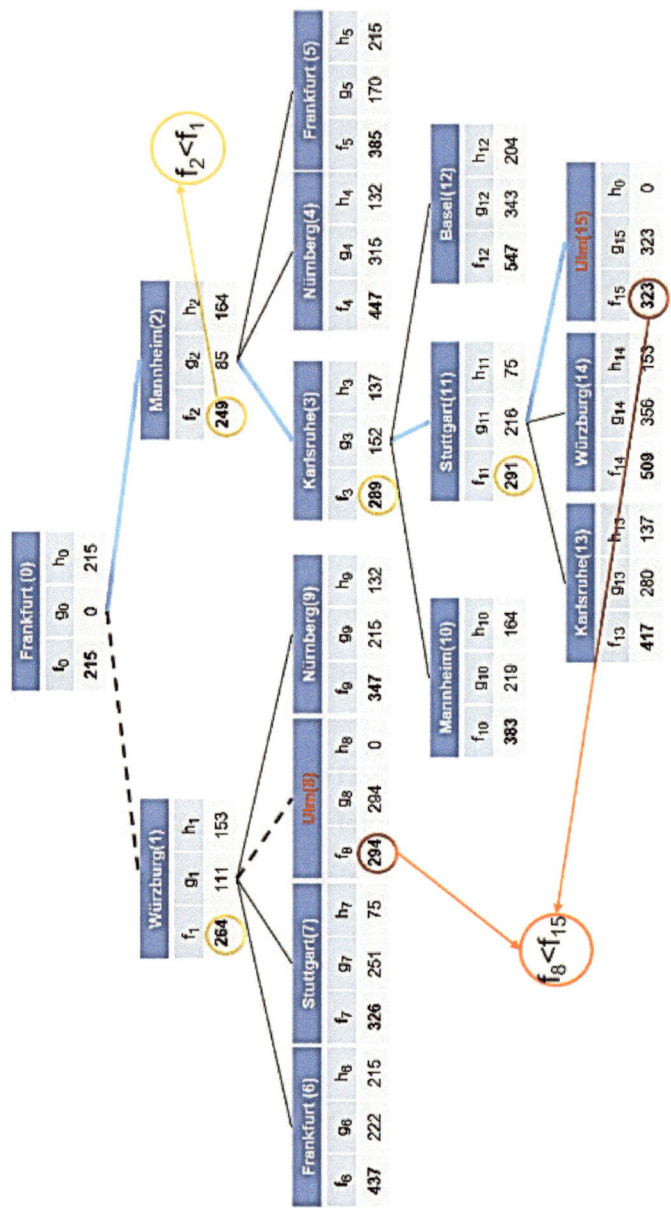

40

Beginnt man mit Start (Frankfurt), erkennt man, dass die Nachfolge von Mannheim auf Grund des besseren f-Wertes vor den Nachfolgern von Würzburg erzeugt wird. Die optimale Lösung Frankfurt-Würzburg-Ulm wird kurz darauf im achten Schritt erzeugt, aber noch nicht als solche erkannt. Daher terminiert der Algorithmus noch nicht, denn der Knoten Karlsruhe (3) hat einen besseren f-Wert und ist daher vor dem Knoten Ulm (8) an der Reihe. Erst wenn alle f-Werte größer oder gleich dem Lösungsknoten Ulm (8) sind, handelt es sich um eine optimale Lösung [8].

2.5.2 Abbiegeassistent mit embedded KI-Technologie

Ein Abbiegeassistent erweitert das Sichtfeld des Fahrers auf virtuelle Weise und informiert über Geschehnisse im direkten Umfeld des Fahrzeugs. Ein wichtiger Punkt ist es auch dabei, dass das Assistenzsystem in der Lage ist, mögliche Gefahren zu erkennen und diese auch zu identifizieren. Danach kann dem Fahrer ein akustisches, optisches oder taktiles Signal gegeben werden, so dass dieser im Ernstfall eine Notbremsung einleiten kann.

Diese Technologie basiert auf einer künstlichen Intelligenz (Deep - Learning) mit einer mitgeführten KI-Datenbank. Das neuronale Netz wurde mit mehrerer Millionen Daten aus sehr unterschiedlichen Situationen, Jahreszeiten und Umgebungs-Lichtverhältnissen trainiert. Dabei wird eine Klassifizierung der gefährdeten Verkehrsteilnehmer (VRU) vorgenommen. Deep-Learning in einem Fahrerassistenzsystem im speziellen in einem LKW Abbiegeassistent besteht dabei darin mittels tiefer neuronaler Netze, welche sehr hohe Robustheit bei der Erkennung von Personen und Radfahrern erreichen, die erste Verarbeitungsstufe zu realisieren.

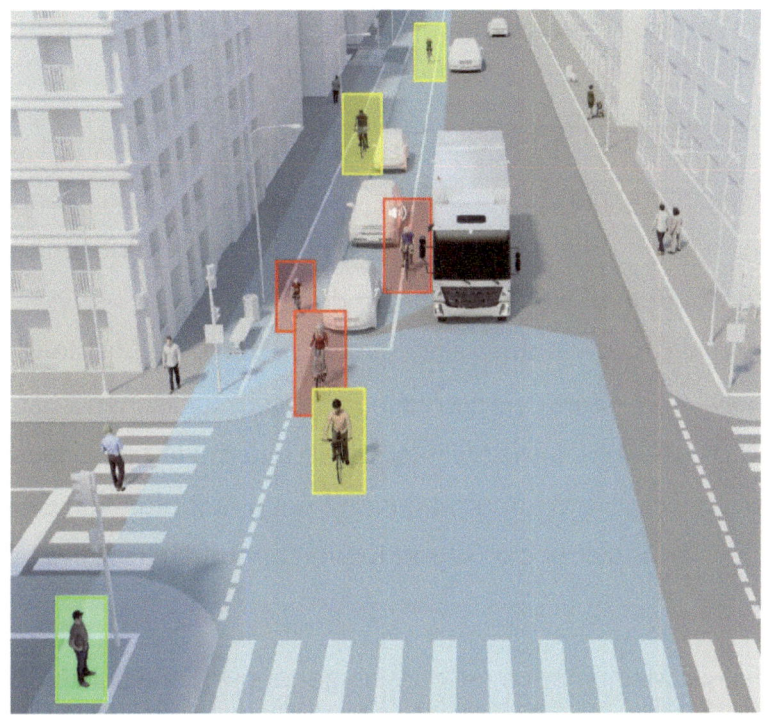

Abbildung 16: Embedded KI-Technologie (LUIS technology GmbH, Hamburg 2023)

Die hohe Robustheit von künstlichen neuronalen Netze (KNN) resultiert aus der Invarianz gegenüber Objektformen gleicher Kategorie und Umwelteinflüssen. Damit haben die KNN gegenüber konventionellen Bildverarbeitungsmethoden enorme Vorteile und können vergleichbaren Sensoriken wie RADAR oder LIDAR ergänzen. Die Innovation besteht dabei darin, die enorm hohen Rechenaufwände in einem kompakten Gerät zu integrieren [9].

2.5.3 Weitere Anwendungen von KI und Datenstrukturen in der Logistik

- Predictive Maintenance

Die Gestaltung der Zustandsüberwachung richtet sich nach den technischen Voraussetzungen eines LKW-Antriebes. Im laufenden Betrieb werden insbesondere

Messwerte aus LKW-Antrieb eingesammelt. Predictive Maintenance ermöglicht es, Wartungsintervalle nach dem faktischen Zustand des LKW-Antriebes auszurichten, statt einem starren Zyklus zu folgen (präventive Wartung) oder erst beim Auftreten von Defekten die Wartung oder gar Reparatur vorzunehmen (reaktive Wartung).

Predictive Maintenance ist das so genannte Condition Monitoring. Hierbei handelt es sich um die kontinuierliche Zustandsüberwachung des LKW-Antriebes über Echtzeitdaten. Die über einen längeren Zeitraum gesammelten Mess- und Produktionsdaten werden gesammelt, bewertet und interpretiert. Darauf basierend wird ein so genannter Machine-Learning-Algorithmus entwickelt. Hierdurch gelingt es, die Wahrscheinlichkeit eines neuen Ausfalls in der Zukunft zu prognostizieren.

Auf Basis der Telematikdaten, Fehlerspeichereinträge und Reparaturinformationen wird ein Datensatz zur Vorhersage der Ausfälle aufgebaut. Der entwickelte Algorithmus identifiziert in den Steuergerätedaten Muster, anhand derer man gesunde von ausgefallenen Fahrzeugen unterscheiden kann. Mit dem gelernten und validierten Muster können für alle Fahrzeuge in Zukunft Vorhersagen getroffen werden, wie hoch die Wahrscheinlichkeit z.B. für einen Injektorausfall ist.

- IoT / Connected Devices

Erfassen und Sammeln von Echtzeitdaten der eigenen LKW-Flotte zur Zustandsüberwachung oder vorausschauender Wartung.

- Ankunftsprognose

Durch die Verwendung von statistischen Modellen kann man die erwartete Ankunftszeit des Fahrzeuges am Point of Interaction (POI) vorhersagen und verfolgen.

- Demand Forecasting

Mithilfe von Modellen für Machine Learning kann man den Transportbedarf der Kunden vorhersagen.

2.6 Chatbot – ChatGPT

Die KI wird in der Regel als die Fähigkeit eines IT-Systems definiert, menschenähnliche und intelligente Verhaltensweisen zu zeigen. Dabei stehen kognitive Funktionen wie die Verarbeitung von Erkenntnissen und Informationen im

Vordergrund. Als Teilgebiet der Computer Science (engl. für Wissenschaft der Informatik) ist die KI eng mit den Begrifflichkeiten Machine Learning (ML), Natural Language Processing (NLP) und Intelligent Process Automation (IPA) verknüpft. Dabei ist Deep Learning (DL) ein Teilbereich von ML, welches wiederum der KI untergeordnet ist. Natural Language Processing (NLP) ist ein Teilgebiet der KI, die es Software- und Computersystemen ermöglicht, Sprach- oder Textkommunikation in normalisierte, für die Analyse geeignete Daten umzuwandeln. Text- und sprachbasierte Informationseingaben können demnach mit Kontext versehen werden und in eine für den Computer verständliche Form gebracht werden. NLP Technologien fungieren dadurch als Brücke zwischen personalisierten Eingaben und den von Maschinen strukturierten Daten. NLP ist die Grundlage von Sprachmodellen. Chat GPT basiert auf einem sogenannten großen Sprachmodell „Generative Pre-trained Transformer". GPT-3 bzw. GPT-4 gilt bereits heute als eines der umfangreichsten Sprachmodelle.

- Generative: Sprachmodell sagt das nächste Wort vorher.

- Pre-Trained: Chat GPT-3 wurde beispielsweise mit großem Textvolumen trainiert, entspricht einer Menge von ungefähr einer Million Bücher.

- Transformer: Neuronale Netzwerkarchitektur sagt das nächste Wort in einem Text vorher

ChatGPT erstellt Texte mithilfe von künstlicher Intelligenz. Nutzer können einzelne Befehle oder Sätze vorgeben, die das System dann mithilfe von Unmengen von Daten aus dem Internet eigenständig ergänzt. Die Anwender fordert ChatGPT mit Prompts auf, über mehrere Schritte zu einem Ergebnis zu kommen. „Chain of Thought Prompting" entspricht der Aufforderung zur Gedankenkette. Ein Prompt ist eine kurze Aufforderung oder Anweisung, die als Ausgangspunkt für das Verfassen eines Textes dient. Dies kann ein einzelnes Wort, ein Satz oder auch ein längerer Textabschnitt sein.

Transformer-Architektur hat viele Milliarden Parameter. Solche Parameter eines künstlichen neuronalen Netzwerkes sind Zahlen, die bestimmen, wie bestimmte Signale in dem Netzwerk gewichtet werden. Dazu wurde im ersten Schritt GPT mit großen Menge an Texten aus dem Internet trainiert und angelernt. In einem zweiten Schritt wurde GPT feinabgestimmt mit der RLHF-Technik (Reinforcement Learning from Humen Feedback). Dabei muss man berücksichtigen, dass das Training von Sprachmodulen große Rechenleistungen benötigt.

Was unterscheidet Chatbot von einem Menschen? Chatbot ist eine künstliche Intelligenz, wurde von OpenAI trainiert, um menschenähnliche Konversationen zu führen. Im Gegensatz dazu sind Menschen biologische Wesen mit eigenen Gedanken, Emotionen und Erfahrungen.

Die wichtigsten Unterschiede zwischen Chatbot und einem Menschen sind:

1. Kognition	3. Erfahrungen
2. Emotionen	4. Lernen

Nachteile der Künstlichen Intelligenz:

Open AI spricht von „Momenten der Unsicherheit". Modelle neigen dazu, „Fakten zu erfinden" eine ausführliche Kontrolle der Transkriptionen ist notwendig.

Vorteile der Künstlichen Intelligenz:

Ein Chatbot fungiert als virtueller Assistenten und man kann eine zweite Meinung zu mit z.B. ChatGPT einholen. Ein Chatbot kann die Suche nach Lösungen in den organisatorischen Bereichen unterstützen und Themen bearbeiten wie: Wie gründet man ein Unternehmen, wie trifft man strategische Entscheidungen, wie unterstützt man die Kunden optimaler? Auch in der automatischen OCR-Auftragserfassung wird ChatGPT ein-gesetzt. OCR steht für Optical Character Recognition, optische Zeichenerkennung. Es dient dem digitalen Erfassen von gedruckten oder geschriebenen Texten durch eine Computer-Software. Der große Vorteil der OCR-Technologie ist das dadurch ermöglichte digitale Bearbeiten der erfassten Dokumente. So könne auf Basis von KI eine automatisierte

Zuordnung von Stammdaten zu den erkannten Daten auf dem eingelesenen Dokument gemacht werden. Das ist bisher ein sehr mühsamer Schritt gewesen, da jegliche Stammdaten in Matchingtabellen vorkonfiguriert werden mussten.

3. Fazit

Große Datenräume in der Logistik und deren Datenanalyse mit KI ermöglicht es, objektive In-formationen zu erhalten, auf deren Grundlage Entscheidungen getroffen werden können, Routenpläne zu erstellen, den gesamten verfügbaren Platz in den Fahrzeugen zu nutzen, den Betrieb u.a. mit Predictive Maintenance zu optimieren und neue Formen des Managements einzuführen, die einen wettbewerbs-fähigen Transport mit geringeren wirtschaftlichen und ökologischen Kosten er-möglichen.

KI macht deutlich bessere Heuristiken und wir lernen, was wir vordergründig nicht verstehen. Aber eine Kontrolle der Transkriptionen im Chatbot ist empfehlenswert. Dazu bietet sich eine Software bzw. App an, welche ein Industrie-Niveau-Tool mit dem Namen „Originality" sein kann. Sie zeigt, mit welcher Wahrscheinlichkeit der Text von eine KI stammt.

Die Anwendung der KI verändert maßgeblich viele Arbeitsplätze in der Logistik. Jedes Dritte Unternehmen hat schon generative

KI implementiert [10]. Entsprechend schnell wächst die Nachfrage nach IT-Spezialisten mit Kenntnissen in der neuen KI-Technologie. Nach Berechnungen der Index-Groupe wurden in Deutschland im 3. Quartal 2023 schon 1577 Positionen für Mitarbeiter mit dem Fachgebiet generativer KI ausgeschrieben.

Literaturverzeichnis

[1] A. Sikora, C. Siemers (Hrsg): Taschenbuch Digitaltechnik, Carl Hanser Verlag 2022

[2] M. Ringsquandl: Sematic-guided Predictive Modeling and Relational Learning within Industrial Knowledge Graphs, Dissertation München 2019

[3] A. Ulrich: DiGST - Digital unterstützte Prozesse zur Genehmigung und Durchführung von Großraum- und Schwertransporten, TH Köln 2022

[4] A. Heuberger, B. Grill, A. Martin (Hrsg): Fraunhofer Institut IIS – Arbeitsgruppe für Suppply Chain Services ScS, Transportlogistik 4.0, Erlangen 2022

[5] D. Schopper: Documentation and Metadata, Austrian Academy of Sciences, Tool Gallery, 17. November 2021

[6] M. ten Hompel, M. Henke, U. Clausen (Hrsg): Künstliche Intelligenz in der Logistik, Fraunhofer-Institut für Materialfluss und Logistik, Dortmund 2021

[7] A. Gogol-Döring, T. Letschert: Algorithmen und Datenstrukturen, Wiley-VCH Verlag, Weinheim 2020

[8] W. Ertel, Grundkurs Künstliche Intelligenz, Seite 116-118, Springer Vieweg, 2021

[9] J. Traxler, M. Breiter, P. Zanitzer: CSA – LKW Abbiegeassistent mithilfe KI Szenenverständnis in Unfallforschung 2021, Symposium für Unfallforschung und Sicherheit im Straßenverkehr, Schriftreihe Band 8, Hochschule Kempten.

[10] N.N.: Nash Squared Digital Leadership Report 2023.

Effiziente Disposition in einer internationalen Spedition mit Hilfe Künstlicher Intelligenz insbesondere für die erste und letzte Meile

Heinz-Peter Beste

Heinrich Koch GmbH & Co. KG

Abstract

Die Logistikbranche steht vor erheblichen Herausforderungen bei der Verteilung von Stückgut. Der anhaltende Fachkräftemangel im Bereich des Fahrpersonals, der Disponenten und des Umschlagspersonals erfordert die Suche nach effizienteren Lösungen für die Disposition.

In diesem Zusammenhang ermöglicht die automatisierte Dispositions-software SMARTTOUR in Verbindung mit einer optimierten Hallenorganisation eine bestmögliche Unterstützung der Stakeholder und eine effiziente Beladung. Dank des Einsatzes von „machine learning" werden aus früheren Touren wertvolle Erkenntnisse gewonnen, die für zukünftige Routenplanung genutzt werden. Dies führt zu einer Steigerung der Qualität bei Auslieferungen und Abholungen.

Die erfolgskritischen Parameter Zeit, Entfernung und Auslastung werden harmonisiert, und die individuellen Stärken und Schwächen der Beteiligten werden so optimal berücksichtigt.

Die Präsentation beleuchtet die innovative Nutzung Dispositions-software in der Logistik, um die Herausforderungen der ersten und letzten Meile effizienter zu bewältigen und die Wett-bewerbsfähigkeit in der Speditionsbranche zu stärken.

1. Einleitung

Die Heinrich Koch Internationale Spedition GmbH & Co. KG, bekannt als Koch International, ist ein renommiertes Logistik- und Speditionsunternehmen mit Sitz in Osnabrück, Nieder-sachsen. Gegründet im Jahr 1900 von Heinrich Koch, ent-wickelte sich das Unternehmen von einem einfachen Fuhrgeschäft zu einem führenden Anbieter in der Logistik-branche der Region.

Heute bietet Koch International ein breites Spektrum an Dienstleistungen, darunter nationale und internationale Trans-porte, Lagerlogistik, See- und Luftfracht sowie spezialisierte Logistiklösungen wie Gefahrguttransporte. Das moderne Logistikzentrum am Fürstenauer Weg, eröffnet 2013, und die Gründung einer Tochtergesellschaft für Pharmalogistik im Jahr 2021 unterstreichen die Innovationskraft des Unternehmens.

Nachhaltigkeit und soziales Engagement sind zentrale Bestand-teile der Unternehmensphilosophie. Koch International setzt auf umweltfreundliche Technologien wie LNG-Antriebe und E-Fahrzeuge und engagiert sich in lokalen Umweltprojekten.

Zudem unterstützt das Unternehmen soziale Initiativen, darunter Projekte zur Verkehrssicherheit und die Unterstützung von Menschen mit Blutkrebs.

Insgesamt steht Koch International für Tradition und Innovation in der Logistikbranche und trägt durch nachhaltige und soziale Maßnahmen positiv zur Entwicklung der Region bei.

Zentrales Thema des Beitrags ist die Optimierung der Disposition des Nahverkehrs mittels KI und der Verbesserung der Hallenorganisation. Der Nahverkehr für Koch International erstreckt sich über einen Radius von etwa 70 km um Osnabrück, von der holländischen Grenze bis nach Minden und vom Münsterland bis hoch ins Emsland. Die tägliche Auslieferung von rund 1400 Transporten und die Abholung von etwa der gleichen Anzahl an Aufträgen werden durch rund 100 Fahrzeuge bis 18 Tonnen und etwa 25 Fahrzeuge bis 40 Tonnen durchgeführt. Die Sendungen werden arbeitstäglich in einer 12.000 qm großen Umschlagshalle mit 89 Beladetoren und 27 Entladetoren umgeschlagen. In der Halle befindet sich eine Unterflur-schleppkette mit 220 Kettenförderern. Die Kette verfügt über 4 Einschleusbahnhöfe und 17 Ausschleusebahnhöfe. Die Halle hat 148 Spuren, auf denen die Touren disponiert werden. Die tägliche Auslieferung wird für rund 90 Speditionspartner durchgeführt.

Warum hat das Unternehmen den Nahverkehr neu gedacht und ist Vorreiter einer anderen Organisation geworden? Die Hintergründe sind vielfältig. Die wesentlichen Treiber sind jedoch:

Produktivität: Fahrer sind neben der Auslieferung in der Regel auch für die Beladung der Fahrzeuge verantwortlich. Um eine hohe Effizienz sicherzustellen, ist es notwendig, die Beladezeiten und die mit der Beladung verbundenen Suchzeiten für die auszuliefernden Sendungen zu minimieren, um die Zeit für die eigentliche Auslieferung zu nutzen.

Informationsbedarf: Die Fahrer haben viele Informationen zu verarbeiten und viele Dinge auf der Tour zu beachten. Fragestellungen wie: Wann kann ich die Sendung wie ausliefern? Was habe ich beim Kunden zu erwarten, wie z.B. Wartezeit, Anmeldung usw., sind wesentliche Elemente der Planung, lassen sich jedoch nicht mehr einfach durch Erfahrung managen.

Fachkräftemangel: Disponenten und auch Fahrer gehören zu den Fachkräften, die in der Wirtschaft stark nachgefragt werden. Die Rahmenbedingungen wie Arbeitszeiten sind nicht optimal, und viele Kräfte werden von der Industrie abgeworben. Wissen und Erfahrungen müssen durch IT-Lösungen anwendbar gemacht werden.

Doch wo kann KI sinnvoll im Transportablauf eingesetzt werden und wie sieht die Supply Chain aus?

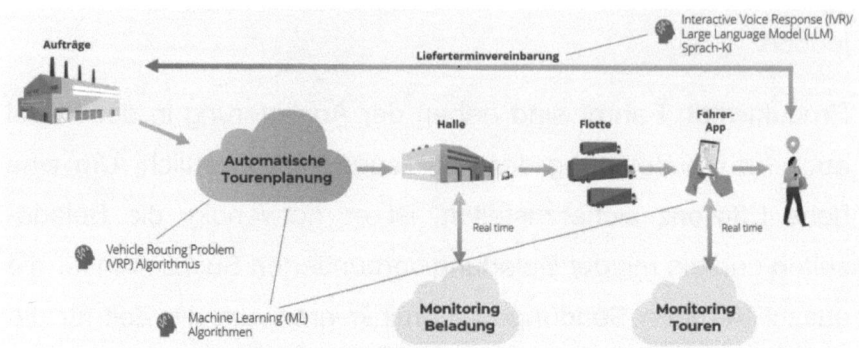

Abbildung 17: Allgemeine Supply Chain

Die vorstehende Abbildung zeigt die Supply Chain. KI kommt im Schwerpunkt bei der Tourenplanung zum Einsatz. Hier wird die Tour mittels eines Vehicle Routing Problem (VRP) Algorithmus optimiert. Dieser Algorithmus lernt mittels Machine Learning (ML). Typische Lernfelder sind: Zu welchem Zeitpunkt kann ich die Sendung am besten ausliefern? Mit welchen Fahrzeugen und welchen Fahrern? Welche Ressourcen werden für die Bewältigung der Tour benötigt?

Neben der Optimierung kommt dem Monitoring der Beladung eine besondere Bedeutung zu. Die Fahrer übermitteln die Statusmeldung zum Ausliefer- und Abholbereich mittels App, wodurch ein Livemonitoring implementiert werden kann.

Avisprozesse für Zustellung und Abholung kann das System selbstständig organisieren und entlastet somit den Fahrer.

Kernstück ist, wie oben beschrieben, der VRP-Algorithmus. Ein metaheuristischer VRP-Algorithmus ist ein Optimierungsansatz für das Vehicle Routing Problem. Er beginnt mit einer Startlösung und verwendet iterative Techniken wie lokale Suche, Operatorvariationen und Metaheuristiken wie Simulated Annealing oder Genetic Algorithms, um Lösungen schrittweise zu verbessern. Die Qualität jeder Lösung wird anhand von Kriterien wie Routenlänge und Kapazitätsbeschränkungen bewertet. Der Algorithmus wiederholt diesen Prozess, bis ein Abbruchkriterium erfüllt ist, und gibt die beste gefundene Lösung aus. SMO (Self Organizing Map) und Reinforcement Learning (eine Machine-Learning-Technologie) werden mit dem Algorithmus kombiniert, um die Lösungsqualität und -geschwindigkeit zu erhöhen.

Die wesentlichen Einflussfaktoren für die Planung sind die Tourenlänge, die mögliche Arbeitszeit und die Kapazitäten. Ziel ist es, die Kosten zu minimieren.

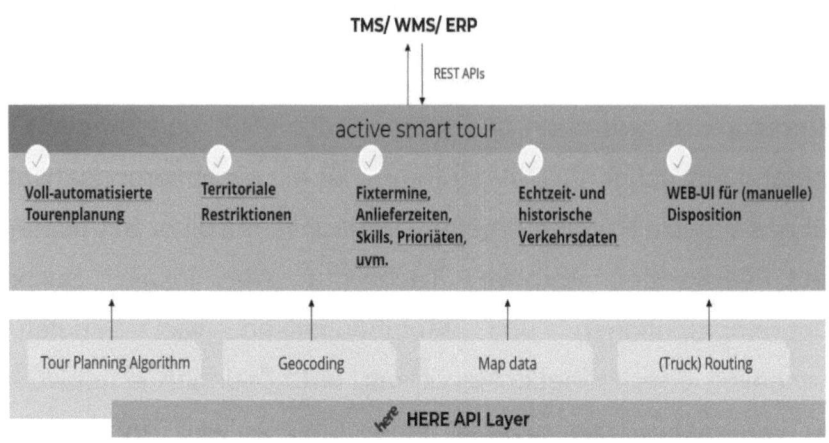

Abbildung 18: Datenhierarchie und -architektur

Die Daten werden mittels REST API bidirektional verwaltet. In der Anwenderschicht stellt das Programm "active smart tour" dar, welches durch den HERE API Layer unterstützt wird. Die Planung kann vollautomatisiert stattfinden und berücksichtigt territoriale Restriktionen, Fixtermine, mögliche Anlieferzeiten, Skills und Produktprioritäten. Hierzu werden historische und auch Echtzeit-Verkehrsdaten herangezogen. Ein Web-Interface ermöglicht auch ein manuelles Eingreifen.

Eine große Herausforderung für die Planung ist die Kapazitätsplanung. Die Aufgabe hierbei ist es, nicht palettisierte Waren in notwendige Stellplätze umzurechnen, damit die geplanten Mengen auch tatsächlich auf das Fahrzeug geladen und ausgeliefert werden können. Eine weitere Herausforderung ist der Ausfall von Ladegut. Dabei muss beachtet werden, dass die Planung zu einem Zeitpunkt durchgeführt wird, wenn noch nicht sicher ist, ob die verplante Ware auch tatsächlich und wenn ja, auch zum richtigen Zeitpunkt zur Verfügung steht. Dies gilt es in der Planung und auch in der Umsetzung zu berücksichtigen.

Um Suchzeiten des Lager- und Fahrpersonals für die Bereitstellung einer Tour zu minimieren und um die Umsetzbarkeit einer Tourendisposition zu überprüfen, werden die geplanten Touren in Spuren in der Halle abgebildet.

Jede Spur bildet eine Fahrzeugeinheit ab. Auf einer Spur können bis zu 17 Stellplätze abgestellt werden, was in etwa der Kapazität eines Nahverkehrsfahrzeugs entspricht. Auf diesen Spuren werden die Aufträge des Fahrzeugs gesammelt.

Die Tourenplanung erfolgt vor der Entladung der Waren, und somit ist dann bereits bei Entladung bekannt, wo der Auftrag/Sendung in der Halle erwartet wird und abgestellt werden muss. Mittels der Unterflurschleppkette wird der nächstgelegene Ausschleusebahnhof ausgesucht und die Ware entsprechend verbracht. Die Verbringung der Ware aus der Schleppkette auf den zugeordneten Tourenplatz erfolgt durch das Personal des Umschlagslagers.

Die Disposition erfolgt mittels der Daten der Auftraggeber. Hieraus ergibt sich, dass die Genauigkeit nicht immer gegeben ist, doch durch die Platzierung der Packstücke auf den Spuren/Tourenplatz sieht man schnell, ob die Tour über- oder unterausgelastet ist. Die Kommunikation über den Zustand der Spuren ist derzeit noch schwierig. Eine technische Lösung gibt es derzeit nicht, aber sie ist zumindest in der Planung.

Wie entsprechende Spuren und Tourenplätze aussehen, kann man der nachstehenden Abbildung entnehmen.

Abbildung 19: Tourenplätze bzw. -spuren

Bei der Entladung und der damit verbundenen Eingangsscannung ist, wie oben erwähnt, die Disposition erfolgt, und das System weiß, welches Fahrzeug die Sendung ausliefern soll. Damit die Waren auch entsprechend im Lager platziert werden können, wird durch die Entladescannung ein neuer Barcode mit den entsprechenden Informationen gedruckt und durch das

Umschlagspersonal auf der Ware angebracht. Auf dem Label werden das Fahrzeug und die Spur angedruckt. Hierdurch ist sichergestellt, dass die Ware, selbst wenn sie falsch abgestellt wird, schnell identifiziert und der Vorgang entsprechend korrigiert werden kann.

Dieses Prinzip der Spuren und der frühzeitigen Verplanung ist erst durch die Auto-Dispo möglich geworden. Vorher wurden die Waren erst auf sogenannten Relationsplätzen abgestellt. Diese Relationen stellen im Grunde einen Sammelplatz für mehrere Fahrzeuge dar. Eine Relation wird zumeist mit mehreren Fahrzeugen bedient. Da die Waren auf einem Relationsplatz nur chaotisch abgestellt werden konnten, benötigten die Fahrer deutlich mehr Zeit, um die entsprechenden Waren ihrer spezifischen Tour auf dem Relationsplatz zu finden.

Durch die Auflösung der Relationsplätze war es auch notwendig, die weitere Hallenorganisation anzupassen. Hier sind insbesondere die Avis- und Fixtermin-Sendungen zu nennen. Hierbei handelt es sich um Transporte, die entweder vor der Auslieferung telefonisch avisiert werden müssen, wobei der Ausliefertermin mit dem Empfänger abgestimmt wird, oder um Fixtermine, bei denen schon bei Entladung bekannt ist, dass diese zu einem anderen Tag als dem Entladungstag beim Empfänger angeliefert werden müssen. Auch galt es,

Sperrplätze zu organisieren, auf denen besonders sperrige Sendungen abgestellt werden müssen, da diese nicht auf den Spuren aufgrund der maximalen Breite von 1,3 m abgestellt werden können.

Vermeintlich ist die Erbringung der Auslieferung einer Sendung an den Empfänger für Außenstehende eine einfache Dienstleistung, doch bei genauen Hinschauen und Erläutern, stellt sich der Prozess deutlich komplexer dar.

Abschließend wird die Komplexität und deren Auflösung dargestellt und aufgezeigt, welche Einflussfaktoren auf die Supply Chain einwirken und welche Wirkfaktoren und Instrumente genutzt werden. Als besondere Elemente sind die Telematikdaten und die historischen Statusverläufe zu nennen. Aus den historischen Statusverläufen werden auch die notwendigen Fahrerprofile erstellt und angepasst, was wiederum zu einer strategischen Planung führt. Möglich macht dies auch ein zentrales Stammdatenmanagement, intelligente Schnittstellen zu TMS und Telematik sowie Controlling-Werkzeuge, die bei der Überwachung und Überprüfung der Kosten unterstützen.

Fazit:

Die Planung und Organisation der Neustrukturierung des Nahverkehrs wurden iterativ durchgeführt und dauerten vom Start an etwa 12 Monate. In diesem Zeitraum haben sich durch die gesammelten Erfahrungen sowohl die "active smart tour" als auch die innerbetriebliche Organisation deutlich weiterentwickelt.

Nach Abschluss konnten wir erhebliche Effizienzsteigerungen feststellen. Insgesamt sparen wir durch die tourenbezogene Disposition rund 750 qm Lagerfläche, da die Relationsplätze mehr Fahrwege benötigen. Durch die Möglichkeit der strukturierteren Beladung sparen die Fahrer im Schnitt rund 35 Minuten bei der Beladung durch Minimierung der Suchzeiten. Hierdurch haben die Fahrzeuge durchschnittlich 1,1 Stopps mehr je Tour erzielen können. Die KI-gestützte Disposition ermöglichte es, den Aufwand für die Disponenten um 80 % zu reduzieren.

Zusätzlich zu den genannten Effizienzgewinnen haben sich auch weitere positive Effekte gezeigt:

Reduzierte Betriebskosten: Die optimierte Tourenplanung und die Verringerung der Leerlaufzeiten haben zu einer signifikanten Reduktion der Betriebskosten geführt. Dies umfasst nicht nur Treibstoffkosten, sondern auch Wartungs- und Reparaturkosten, da die Fahrzeuge effizienter genutzt werden.

Verbesserte Kundenzufriedenheit: Durch die präzisere Planung und schnellere Auslieferung konnten wir die Zufriedenheit unserer Kunden erhöhen. Die geringeren Wartezeiten und die zuverlässigere Lieferung haben das Vertrauen in unsere Dienstleistungen gestärkt.

Umweltfreundlichkeit: Die Reduzierung der Fahrzeiten und die effizientere Nutzung der Fahrzeuge tragen auch zu einer geringeren Umweltbelastung bei. Weniger Fahrten und optimierte Routen bedeuten weniger Emissionen, was unserem Engagement für Nachhaltigkeit entspricht.

Bessere Arbeitsbedingungen: Die Entlastung der Fahrer und Disponenten durch die KI-gestützte Planung hat zu einer Verbesserung der Arbeitsbedingungen geführt. Weniger Stress durch effizientere Abläufe und klarere Informationen tragen zur Zufriedenheit und Produktivität der Mitarbeiter bei.

Flexibilität und Anpassungsfähigkeit: Die iterative Vorgehensweise hat es uns ermöglicht, flexibel auf Herausforderungen zu reagieren und Anpassungen vorzunehmen. Dies hat dazu beigetragen, kontinuierliche Verbesserungen zu implementieren und unsere Prozesse stetig zu optimieren.

Insgesamt zeigt die Neustrukturierung des Nahverkehrs bei Koch International, wie moderne Technologien wie KI und Machine Learning effektiv eingesetzt werden können, um betriebliche Effizienz zu steigern, Kosten zu senken und die Umweltbelastung zu reduzieren. Diese Verbesserungen haben nicht nur unmittelbare betriebliche Vorteile gebracht, sondern auch unsere Position als innovativer und nachhaltiger Logistik-anbieter gestärkt.

Digitalisierung bei der DHL Group und Best Practice Beispiele im Landverkehr

Christian Griesshaber

DHL Freight GmbH

Abstract

Die DHL Group Strategie 2025, „Delivering Excellence in a digital World", zeigt, dass die Digitalisierung im Mittelpunkt unserer Zukunft steht. In dieser Präsentation zeigen wir, wie diese Konzernstrategie in konkrete Initiativen für den Geschäftsbereich DHL Freight umgesetzt wird. DHL Freight schließt die Implementierung einer neuen IT-Plattform ab und verwendet fortschrittliche Algorithmen, um Volumen und Flüsse in seinem Netzwerk vorherzusagen und zu optimieren.

1. Einleitung DHL Group

Unsere Welt hängt von der Logistik ab. Als weltweit führendes Logistikunternehmen verbindet die DHL Group Menschen und Märkte und ist Wegbereiter des globalen Handels. Vier wesentliche Trends haben die Logistikindustrie in den vergangenen Jahren geprägt und werden dies auch künftig tun: Globalisierung, Digitalisierung, E-Commerce und Nachhaltigkeit. Mit unserer Strategie 2025 sind wir auf einem guten Kurs und setzen unsere Erfolgsgeschichte fort.

Die "Strategie 2025 - Spitzenleistungen in einer digitalen Welt" stellt für das weltweit führende Logistikunternehmen DHL Group die Weichen für eine Fortsetzung seines erfolgreichen Wachstumskurses. Das Unternehmen wird sich zukünftig noch konsequenter darauf ausrichten, dass anhaltend große Potenzial für langfristig profitables Wachstum in seinen Logistik-Kerngeschäften zu erschließen. Darüber hinaus wird es die bereits angestoßene digitale Transformation des Konzerns in allen Unternehmensbereichen beschleunigen.

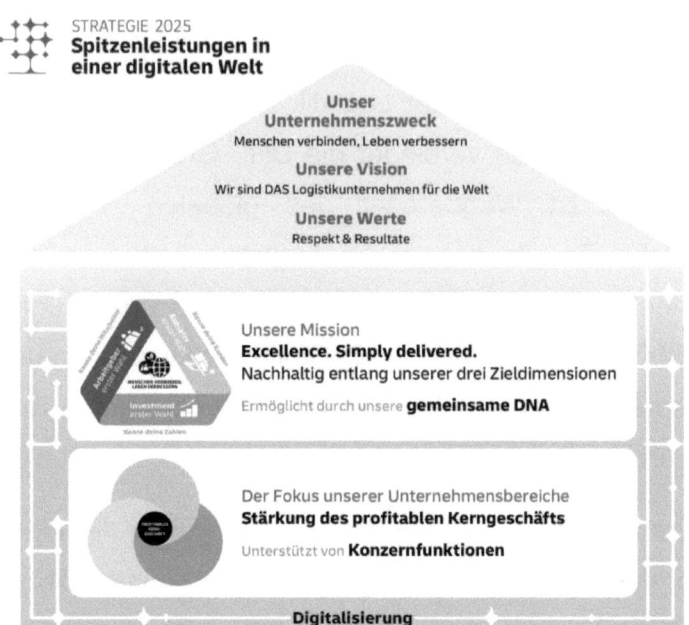

Abbildung 20: Strategie 2025 DHL Group

2. DHL Freight: Geschäftsbereich für Straßen Transport

DHL Freight zählt zu den führenden Anbietern von Straßengütertransporten in Europa und bildet gemeinsam mit DHL Global Forwarding die Sparte für Frachtförderung der Deutsche Post DHL Group. Dank seines internationalen Netzwerks bietet DHL Freight flexible, zuverlässige und effiziente Lösungen für den Land-, intermodalen und Schienentransport.

In 208 Terminals in mehr als 40 Ländern gewährleisten die 13.000 Mitarbeiter von DHL Freight einen flächendeckenden

Landtransportdienst mit 43 Millionen Sendungen pro Jahr und nahtlosem Sendungsverfolgungsservice.

3. Digitalisierungsbeispiele bei DHL Freight

Hier geben wir einige Einblicke auf die Digitalisierung und Automatisierung bei DHL Freight. Wir betrachten die Automatisierung als einen entscheidenden Wendepunkt, der Betriebsabläufe optimierte, die Effizienz steigerte und den Weg für beispielloses Wachstum ebnete. Drei Schlüsselaspekte wurden berücksichtigt, als die Automatisierung eingeführt wurde:

- Die Notwendigkeit harmonisierter Prozesse. Automatisierung gedieh in einer Umgebung, in der Betriebsabläufe gut definiert und standardisiert waren, um eine nahtlose Integration von Technologie in bestehende Workflows zu ermöglichen.
- Die Automatisierung profitierte erheblich von einheitlichen Daten. Ein kohärentes und integriertes Datenökosystem erleichterte eine skalierbare Automatisierungsinitiative.
- Gut definierte Regeln und Algorithmen wurden festgelegt und in die von uns verwendeten Tools integriert. Diese Regeln steuerten das Verhalten unserer automatisierten Systeme und gewährleisteten, dass sie mit unseren

Geschäftszielen übereinstimmten und konsistente sowie zuverlässige Ergebnisse lieferten.

Wir geben Ihnen Einblicke in zwei unserer Initiativen, die die genannten Schlüsselaspekte ermöglichten und auf denen die Automatisierung aufgebaut wurde:

- Unser neues Transportmanagementsystem "EVO"
- Unser Transportplanungstool "RAPTOR"

Wir zeigen Ihnen, wie sie Teil unserer Automatisierungsreise waren, welche Vorteile sie brachten, und geben einen Ausblick in die Zukunft, wie sie sich im Laufe unserer Reise weiterentwickeln werden.

3.1 EVO – neues Transport Management System

Das Transportmanagementsystem EVO, das unseren gesamten End-to-End-Prozess abdeckt, angefangen bei der Auftragserfassung über die Disposition aller Transportabschnitte bis hin zur Kunden- und Spediteur Rechnungsstellung, interner Kostenallokation sowie sämtlichen Stammdaten zu unserem Netzwerkaufbau, unseren Kunden und Lieferanten.

Dies ist das bisher größte Transformationsprojekt von DHL Freight und ersetzt eine heterogene Landschaft von mehreren übernommenen Transportmanagementsystemen durch ein einziges Transportmanagementsystem.

- Wir decken derzeit ca 30 Länder ab, und die hohe Anzahl von Benutzern und ausgeführten Aufträgen zeigt, dass das System mit hoher Zuverlässigkeit arbeitet.
- Die Einführung eines einzigen TMS geht mit der Einführung einer harmonisierten Prozesslandschaft und Datenstruktur einher.
- Wir haben Echtzeit-Transparenz für alle im System erfassten und erstellten Daten. Zum Beispiel kann zum Zeitpunkt der Auftragsbestätigung in unserem Ursprungsterminal das Zielterminal bereits im Voraus sehen, dass eine Sendung für eine bestimmte Tour an einem bestimmten Tag vorgesehen ist.

Letzteres liegt daran, dass wir mit EVO mehrere Dinge automatisieren, z.B.:

- Basierend auf Sendungsdetails und unseren Netzwerkdokumenten wird die Sendung vom Algorithmus entlang der gesamten Route vorgeplant, sobald sie in das System eingegeben wird.
- In der Scanner-App erhält unser Lagerpersonal alle notwendigen Informationen, einschließlich Unterstützung bei der Platzierung einer Sendung oder falls spezielle Maßnahmen erforderlich sind, z.B. die

besondere Behandlung von dringenden oder gefährlichen (ADR) Sendungen.

- Vollautomatisierte interne Rechnungsstellung, API für Kundenanfragen sowie ein webbasiertes Dispositionsdisplay und Scanner sind weitere Beispiele dafür, wie unsere digitale Lösung schneller und effizienter ist.

Die Software wurde nach zwei Hauptprinzipien entwickelt, die dazu beitragen, Aufgaben zu automatisieren und somit administrative Aufgaben zu reduzieren:

- **„Operations treibt die Verwaltung an"**: Die Arbeit mit dem Scanner liefert alle notwendigen Daten, um automatisch Ladelisten zu generieren, Umleitungen auszulösen oder Messungen zu aktualisieren. Diese Big-Data-Anwendung spiegelt wider, dass TMS eine Vielzahl von Datenpunkten im Vergleich zum Legacy-TMSs sammelt.

- **„Mach es beim ersten Mal richtig"**: Eine qualitativ hochwertige Datenerfassung von Anfang an vermeidet lange und mühsame Korrekturen am Ende, z.B.
  - Kunden-EDI wird automatisch geokodiert und markiert, wenn er nicht mit der vorhandenen Adresse übereinstimmt.

- o Kunden- und Lieferantentarife im System
  ermöglichen automatisierte Rechnungsstellung,
  interne Tarife ermöglichen eine
  vollautomatisierte interne Kostenallokation
  zwischen allen an einem Transport beteiligten
  Einheiten.

Der hohe Grad an Automatisierung ist nur möglich, da das neue Transportmanagementsystem perfekt auf uns zugeschnitten ist. Wir haben bewusst entschieden, die Anwendung intern mit unserem eigenen Entwicklungsteam zu entwickeln, während die Anforderungen von einem eigenen Team von DHL Freight bereitgestellt werden, das zu einem großen Teil mit erfahrenen, langjährigen Kollegen von DHL Freight besetzt ist, sowohl zentral als auch in den lokalen Länderorganisationen.

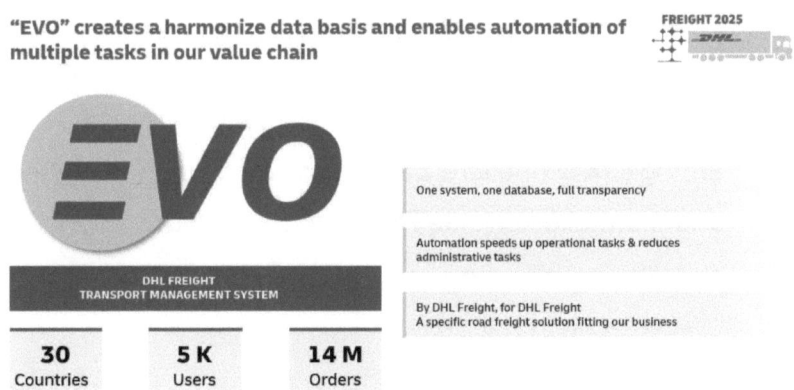

Abbildung 21: EVO Kennzahlen

Unseres neue Transport Management System EVO hat folgenden Nutzen:

- Die Gesamtqualität hat sich verbessert, was zu weniger Fehlern führt.
- Die IT-Kosten wurden durch den Ausstieg aus älteren Systemen reduziert.
- Die Produktivität wurde durch verbesserte Automatisierung gesteigert. Zum Beispiel:
  - Der Prozentsatz EDI auto-confirmed wurde gesteigert, wobei Versanddaten automatisch über den Electronic Data Interchange direkt für unsere Disponenten verfügbar gemacht werden
  - Die automatisierte Rechnungsstellung wurde eingeführt, wodurch Rechnungen ohne Benutzereingriff generiert werden.
- Die durch automatisierte Rechnungsstellung reduzierte Forderungslaufzeit (Days Sales Outstanding, DSO) ermöglicht schnellere Zahlungsabwicklung durch zügige und erstmalig korrekte Rechnungsstellung.

Abbildung 22: EVO Roll-Out

3.2 RAPTOR

RAPTOR ist eine Anwendung, die darauf ausgerichtet ist, den täglichen arbeitsintensiven Prozess der Disposition zu unterstützen:

Um optimale Ladungskombinationen und geeignete Routen für etwa 1000 Sendungen (PTL) pro Tag zu finden, ohne die Unterstützung eines Disponenten,

- muss mit nicht immer dokumentierten Kenntnissen umgegangen werden, wie Lkw-Eigenschaften, Servicezeiten bei Kundenwerken, Pausenregelungen, Stapelbarkeitsbeschränkungen.
- muss auf individuelle Erfahrungen zurückgegriffen werden, die die Qualität des Ergebnisses definieren.

- hat nur begrenzte Möglichkeiten, Optionen zu erkunden.

RAPTOR reduziert die Komplexität dieser Aufgabe erheblich, indem es den Disponenten unterstützt, durch

- Bereitstellung von Routenvorschlägen.
- Erlauben der visuellen Inspektion der Ergebnisse durch Anzeigen der Tour auf der Karte, eines 3D-Lademusters und einer Gewichtsverteilung der Ladung.

RAPTOR kann problemlos in die Standardarbeitsumgebung der Disponenten integriert werden, wo Optimierungen dann mit wenigen Mausklicks ausgelöst werden können.

Wie es bei künstlicher Intelligenz üblich ist, basiert RAPTOR von Anfang an auf engen Feedbackschleifen mit den Benutzern.

RAPTOR erfasst implizites Geschäftswissen, da Datenwissenschaftler und Disponenten eine Datenbank mit Geschäftswissen pflegen.

RAPTOR wird derzeit für einen großen Automobilkunden in Deutschland verwendet

- Hohe Anzahl von Lieferanten.
- Optimierung der TKL-Flüsse.

Den Nutzen von RAPTOR ist so zusammengefasst:

- Weniger Zeit für die Disposition aufwenden – bedeutende Teile dessen, was ein Disponent früher basierend auf seinem eigenen Wissen und möglicherweise durch das Durchgehen mehrerer Szenarien getan hätte, werden nun durch RAPTOR erledigt.
- Fahrstrecke – reduziert durch optimierte Rundläufe.
- Optimierung der Auslastung: Ein 3D-Lademuster und eine Gewichtsverteilung stehen dem Disponenten zur visuellen Inspektion zur Verfügung.
- CO_2-Emissionen reduziert, proportional zu den Kosten.

Routing Algorithm for Planning Transportation
Achieving cost reductions and operational efficiencies via AI

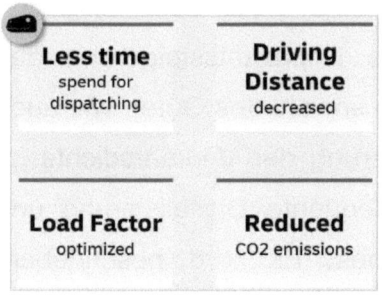

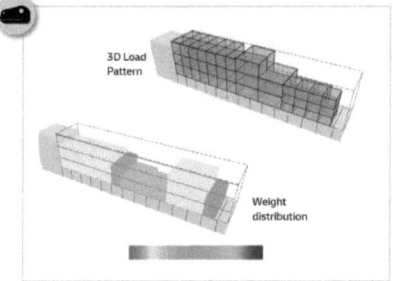

Abbildung 23: Raptor

Die Digitale Automatische Kupplung (DAK) Ihre Bedeutung für die Digitalisierung und Automatisierung des Schienengüterverkehrs und des Gesamtsystem Bahn

Dr. Fabian Wartzek

Deutsche Bahn AG

Abstract

Ausgehend von den verkehrspolitischen Zielen werden die wirtschaftlichen und betrieblichen Potenziale der DAK für den europäischen Schienengüterverkehr herausgearbeitet und anhand einiger Use-Cases verdeutlicht.

Weitgehend unbekannt ist der Einfluss der Digitalen Automatischen Kupplung auf die Kapazitätssteigerung des Schienenverkehrs ins-gesamt, also sowohl des Güter- wie auch des Personenverkehrs. Die Steigerung der Verkehrsdichte im Bestandsnetz erfordert eine konsequente Digitalisierung und Automatisierung des Bahnbetriebes. Es wird beschrieben, welche zentrale Rolle dabei der DAK zukommt.

Die DAK ist ein europäisches Projekt, das nur gelingen kann, wenn sich alle relevanten europäischen Betreiber und Wagenhalter engagieren. Wir legen dar, warum wir überzeugt sind, dass die Einführung einer automatischen Kupplung nach jahrzehntelangen erfolglosen Anläufen nun gelingen wird und wie sich die europäischen Stakeholder dazu aufgestellt haben. Es wird die Technik und der Stand von Entwicklung und Erprobung der DAK beschrieben. Eine besondere Herausforderung ist die Ausgestaltung der europaweiten Migration sowie die Finanzierung der Umrüstung von ca. 500.000 Güterwagen und Triebfahrzeugen. Daher wird im Vortrag auch auf die in einem europäischen Programm behandelten Migrations-Finanzierungskonzepte eingegangen.

1. Einleitung

Die DAK ist der zentrale Enabler, um den Schienengüterverkehr zu digitalisieren und zu automatisieren. Dabei stellt die DAK in der aktuell geplanten Version selbst zunächst eine mechanische, pneumatische und eine elektrische Verbindung her. Dies geschieht vollautomatisch bei Annäherung zweier Fahrzeuge, wenn die Kupplungen sich innerhalb ihres Greifbereichs treffen. Eine Trennung der Fahrzeuge kann sowohl manuell als in späteren Ausbaustufen auch automatisch, Aktuatorunterstützt erfolgen.

Abbildung 24: ein Rangierer zwischen den Wagen beim Kuppeln der Schraubenkupplung (links); die DAK im DAC4EU Testzug inkl. Elektrokontaktkupplung (rechts)

Abbildung 24 zeigt links den bisherigen Kuppelprozess, bei dem ein Rangierer zwischen die Wagen in den sogenannten Berner Raum treten muss, um die mechanische Verbindung über die Schraubenkupplung herzustellen und über die Spindel zu spannen, sowie die pneumatische Verbindung durch manuelle Kupplung der Luftschläuche und anschließendes Öffnen der Absperrhähne herzustellen. Eine elektrische Verbindung ist nicht vorhanden. Das rechte Bild zeigt den Zustand mit den aktuellen DAK-Prototypen. Hier wird die mechanische, die pneumatische und die elektrische Verbindung automatisch hergestellt. Die Trennung aller drei Medien erfolgt durch Drücken eines Knopfes oder manuell über einen Hebelzug.

Die mechanischen Eigenschaften der sich im Test befindlichen DAK vom Typ Scharfenberg bzw. Latch Type basieren dabei auf der aus dem Personenverkehr bekannte Variante. Diese wurde gezielt für den Einsatz im Güterverkehr angepasst und soll so für die rauen Einsatzbedingungen qualifiziert sein. Auch dies wird zurzeit in aufwändigen Test-Kampagnen untersucht und nach-gewiesen, um notwendige Optimierungen frühzeitig vor der Einführung zu identifizieren. Dabei erlauben die Spezifikationen bereits auf mechanischer Ebene nicht nur das automatische Kuppeln und Entkuppeln, sondern auch höhere wirkende Kräfte. Damit können nicht nur längere und schwerere Züge gebildet werden, sondern können auch vorhandene Züge schneller gefahren werden. Dies wird erreicht, indem mit der DAK fahrplantechnisch günstigere Bremskonfigurationen, die für die Schraubenkupplung zu hohen Belastungen verursachen würden, in den Züge eingesetzt werden können.

Darüber hinaus können mit der durchgehenden Strom- und Datenleitung weitere Lösungen realisiert werden, um

Digitalisierungs- und Automatisierungslösungen zu realisieren. Hierdurch kann die Kapazität von Güterzügen auf vorhandener Infrastruktur weiter gesteigert werden.

2. Stand der Technik – Erkenntnisse aus den Tests

Die Erprobung der DAK findet seit Mitte 2020 im Rahmen eines vom Bundesministerium für Digitales und Verkehr (BMDV) finanzierten Forschungsprojektes „DAK-Demonstrator" statt. Das Projekt hat ein Volumen von über 20 Millionen Euro und läuft noch bis Mitte 2024. Ergebnisberichte zu den Erprobungen sind in [1] und [2] zu finden. Ziel der Versuche ist unter anderem die Prototypen in möglichst vielen verschiedenen Betriebsszenarien in möglichst vielen Ländern Europas zu testen. Damit soll sichergestellt werden, dass auch nationale Besonderheiten im SGV für die Entwicklung berücksichtigt werden und eine Lösung gefunden werden kann, die sich in ganz Europa gewinnbringend einsetzen lässt.

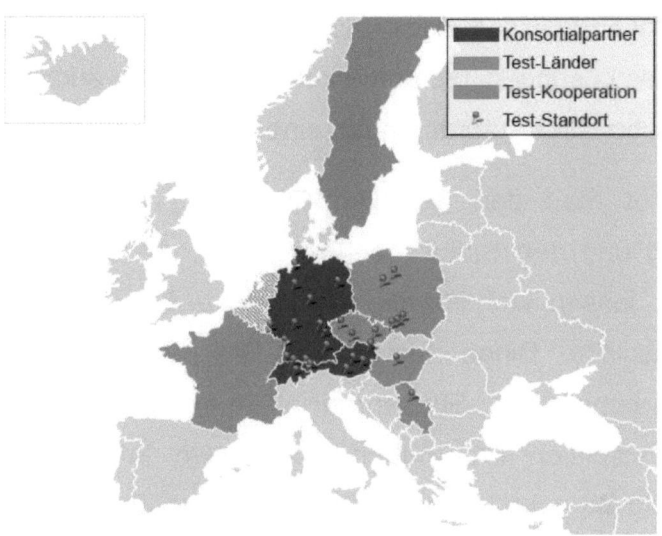

Abbildung 25: Landkarte Europas mit den DAC4EU Konsortialländern (dunkelblau), den Ländern, in denen zusätzliche Tests gefahren wurden (türkis) und den Test-Standorten (Stecknadeln)

Abbildung 25 zeigt eine Landkarte von Europa mit den Testländern und Test-Standorten. Erkennbar sind 9 Länder, in denen Tests bzw. Veranstaltungen durchgeführt wurden, mit 28 Test-Standorten. Aktuell in der Planung sind weitere Fahrten in Belgien und den Niederlanden.

Dabei hat sich gezeigt, dass sehr viele grundlegende Anforderungen im SGV in Europa sehr einheitlich sind. Bereits heute werden die Wagen in der Regel freizügig über die Länder eingesetzt und müssen somit grundlegenden Anforderungen übergreifend genüge tragen. Herausfordernd sind oft Details in den Vorgaben für die Betriebsprozesse und aus den

Zulassungsprozessen. Hier muss kontinuierlich sichergestellt sein, dass Lösungen, die entwickelt werden, sich auch im Detail in alle nationalen Anforderungen einbinden lassen.

Betrachtet man den aktuellen Stand der technischen Entwicklung und den Status der Prototypen, die zurzeit getestet werden, lassen sich für die betriebliche Einsetzbarkeit zwei grundsätzliche Dinge feststellen: Die aktuell verfügbaren Designs können ihre Stärken vor allem im ebenerdigen Rangieren ausspielen und haben Schwächen im Ablaufbetrieb. Abbildung 26 zeigt die hierbei relevantesten Betriebsverfahren beim ebenerdigen Rangieren. Beim sogenannten Umsetzen ist die Lok während der gesamten Wagenbewegung fest mit den Wagen gekuppelt und bewegt in einer Sägezahn-ähnlichen Bewegung Wagen bzw. Wagengruppen von einem Gleis ins andere. Beim Abstoßbetrieb wird die Lok genutzt, um die Wagen vor einer Verteilerweiche zu beschleunigen. Die Wagen sind dabei entweder bereits getrennt oder werden an einer definierten Stelle im Prozess getrennt. Das Triebfahrzeug bremst dann ab und die Wagen rollen bedingt durch ihre Trägheit in das über die Weiche eingestellte Zielgleis.

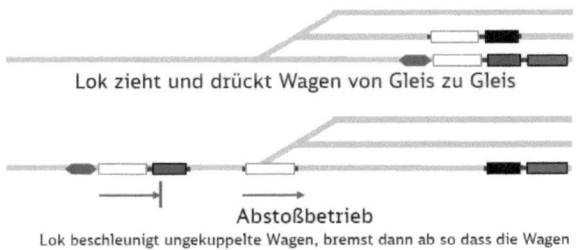

Lok zieht und drückt Wagen von Gleis zu Gleis

Abstoßbetrieb

Lok beschleunigt ungekuppelte Wagen, bremst dann ab so dass die Wagen
durch die Trägheit in das Zielgleis laufen

Abbildung 26: Ebenerdiges Rangieren – im oberen Teil ist das „Umsetzen"
dargestellt, im unteren Teil der „Abstoßbetrieb"

Beide Prozesse lassen sich bereits mit den aktuellen Prototypen deutlich effizienter gestalten und realisieren.

Betrachtet man hingegen den sogenannten Ablaufbetrieb mit Ablaufberg, dargestellt in Abbildung 27, zeigen sich noch deutliche Schwierigkeiten. Diese lassen sich nicht ursächlich auf das gewählte Scharfenberg-Kupplungsprinzip zurückführen, sondern sind vielmehr ein Problem aller automatischen Kuppelsysteme. Die Herausforderung hierbei ist, dass die Wagen mit wechselnden Kraftverhältnissen (Zug-, wie auch Druckkräfte) bis zum Brechpunkt am Ablaufberg geschoben werden und dort frei trennen können müssen.

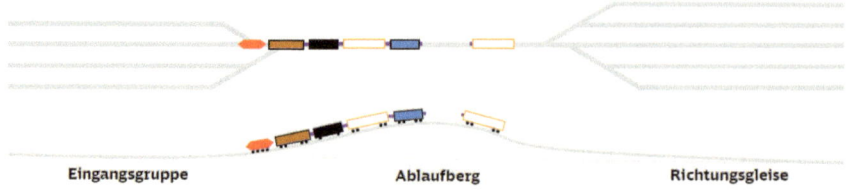

Abbildung 27: Darstellung des Ablaufbetriebs mit Ablaufberg – Hier werden die Wagen aus der Eingangsgruppe über den Ablaufberg geschoben und rollen dann in die Richtungsgleise

Allen automatischen Mittelpufferkupplungssystemen gemein ist allerdings die Eigenschaft, dass zwei sich berührende Kupplungen in aller Regel bereits bei kleinsten Geschwindigkeiten kuppeln. Diese Eigenschaft muss aktiv außer Kraft gesetzt werden können, ohne den eigentlichen Betriebsablauf zu stören. Hierfür wird eine sogenannte Pufferstellung benötigt, bei der sich das System ähnlich wie ein Puffer verhält und eben nicht einkuppelt. Ein solche Pufferstellung muss aber im Richtungsgleis auch wieder zurückgenommen sein, da hier die Wagen wieder kuppeln sollen.

Für dieses Problem sind zurzeit nur Konzepte bekannt, aber noch keine verlässlichen Lösungen für die Tests verfügbar. Daran wird mit Hochdruck in einem gemeinsamen Projekt zwischen Herstellern und Betreibern auf europäischer Ebene gearbeitet[1]. Die ersten Konzepte sind vielversprechend und sollen zeitnah in der Erprobung validiert werden.

3. Herausforderungen in der Migration

Sind die technischen Herausforderungen gelöst, muss die DAK „unter dem rollenden Rad" in das System des SGV integriert und in Betrieb genommen werden. Diese Jahrhundertaufgabe wird in der allgemeinen Diskussion unter dem Begriff Migration zusammengefasst. Dabei zeigt sich eine Vielzahl von Herausforderungen, die für Europa im Gesamten gelöst werden müssen. Es geht um Themen wie Beschaffung und Finanzierung der Bauteile inkl. der DAK für die Umrüstung oder auch die Planung von Werkstattkapazitäten und Umbauprozessen. Vor allem für die Wagen zeigen sich zwei essenzielle Prämissen für die Übergangszeit:

1. Es dürfen sich nie zwei Wagen mit verschiedenen Kupplungssystemen im Betrieb treffen. Die Systeme sind nicht kompatibel, lassen sich also weder verbinden noch zerstörungsfrei in Kontakt bringen.

2. Die Zeit, in der Wagen den Kunden entzogen werden müssen, muss so kurz wie möglich sein und im besten

---

[1] Details zu finden unter: https://projects.rail-research.europa.eu/eurail-fp5/

Fall durch geschickte Planung und Rotation von Wagengruppen wenigstens in Teilen kompensiert werden.

Absolut essenziell für das Gelingen der Migration ist die Verfügbarkeit von ausreichend vielen Lokomotiven, die in der Lage sind, die DAK-Systeme zu bewegen und das bereits zu Beginn der Migration. Auf Grund der deutlich geringeren Anzahl an Lokomotiven verglichen mit Wagen und den höheren Anschaffungskosten, ist hier eine Lösung notwendig, die während der Übergangszeit eine Nutzung mit beiden Systemen erlaubt. Die Lokomotiven müssen sowohl für herkömmliche Schraubenkupplungssysteme als auch für die neuen DAK-Systeme eingesetzt werden können. Abbildung 28 zeigt eine Hybridkupplung genannte Lösung der Firma Voith, die im dargestellten hochgeklappten Zustand mit einer Schrauben-kupplung verbunden werden kann und im heruntergeklappten Zustand mit einer DAK.

Abbildung 28: Darstellung der Hybridkupplung der Firma Voith, von [3]

Im Gegensatz zu den Wagen zeigen sich bei den Lokomotiven zwei Herausforderungen. Das erste ist, dass bislang kein standardisierter Einbauraum für eine Mittelpufferkupplung festgelegt und vorgeschrieben wurde. So haben die Lokomotiven zwar zum Teil nutzbare Einbauräume, zum Teil aber auch nicht und diese sind für jeden Hersteller und oft sogar für jede Baureihe unterschiedlich.

Zweitens zeigt sich, dass die verschiedenen Lokomotiven, je nach Einsatzzweck eine sehr inhomogene Altersstruktur aufweisen. Ein erster Versuch, die europäische Lok-Flotte zu strukturieren und darzustellen, ist in Abbildung 29 dargestellt. Gegliedert werden die Loks nach ihrer Antriebs- und vorrangingen Verwendungsart in elektrische und dieselgetriebene Streckenloks sowie Rangierloks. Unterhalb des Diagramms ist für die drei Gruppen die Anzahl an Lok-Baureihen dargestellt, die in Summe 80% der Flotte repräsentieren. Das bedeutet z.B. für elektrisch angetriebene Streckenloks (linke Säule), das 80% der gesamten Flotte durch 18 Baureihen abgebildet werden. Das ist bei den Rangierlokomotiven mit über 90 Baureihen deutlich komplexer.

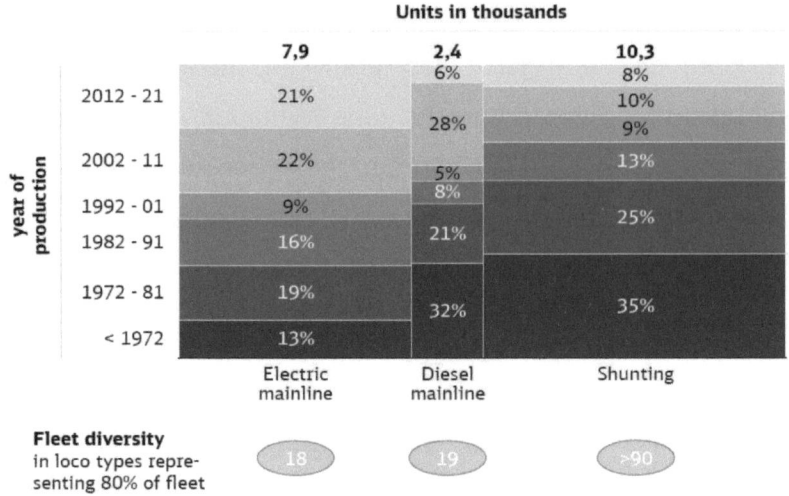

Abbildung 29: Eine erste Darstellung der Altersstruktur der europäischen Lok-Flotte in Abhängigkeit des Einsatzgebietes inkl. Schätzung der Flottendiversität, aus [4]

Zu erkennen ist, dass vor allem bei Diesel- und Rangierloks rund ein Drittel der Fahrzeuge aus Baujahren früher als 1972 stammt. Bei elektrischen Loks hingegen erkennt man, dass über 40% der Fahrzeuge neuer als Baujahr 2002 sind. Dies hat vor allem Auswirkungen auf die Verfügbarkeit von Unterlagen, wie auch auf eine potenzielle wirtschaftliche Betrachtung der Sinn-haftigkeit einer Umrüstung.

4. Fazit

Bei Betrachtung der Gesamtlage zu Technik und Migration zeigt sich, dass eine Umstellung des Kuppelsystems im SGV eine absolute Mammutaufgabe darstellt und viele Details berücksichtigt werden müssen. Der SGV ist die klimafreundliche Logistiklösung für Europa. Will man Logistik umweltfreundlicher gestalten, muss mehr Verkehr auf die Schiene verlagert werden. Das ist bei den bereits heute knappen Kapazitäten auf der Schiene eine zunächst scheinbar unlösbare Aufgabe. Genau hier bieten Automatisierungs- und Digitalisierungslösungen das Potential mehr Verkehr auf der heute vorhandenen Infrastruktur zu realisieren und diese effizienter zu nutzen. Für den SGV ist dabei die DAK der zentrale Baustein und Enabler.

Eine Vielzahl von Herausforderungen wurde bereits gelöst und an den verbleibenden wird mit Hochdruck gearbeitet. Denn dass die DAK für die Zukunft des SGV alternativlos ist, wurde zuletzt von 39 Unternehmen aus ganz Europa in einem gemeinsamen DAC Sector Statement[2] vom 10.07.2023 bestätigt.

---

[2] Zu finden zum Beispiel unter:
https://www.uirr.com/en/component/downloads/downloads/1781.html

Literatur

[1]   Zwischenbericht Abschluss Phase I; Bericht zum Projekt „DAK-Demonstrator" des BMDV unter Aktenzeichen E12 5185.4/9   (abgerufen   von https://bmdv.bund.de/SharedDocs/DE/Artikel/E/   dak-demonstrator.html am 18.12.2023)

[2]   Zwischenbericht Abschluss Phase II; Bericht zum Projekt „DAK-Demonstrator" des BMDV unter Aktenzeichen E12 5185.4/9   (abgerufen   von https://bmdv.bund.de/SharedDocs/DE/Artikel/E/   dak-demonstrator-phase-2.html am 18.12.2023)

[3]   Homepage der Firma Voith GmbH & Co. KGaA (abgerufen von   https://voith.com/corp-de/verbindungskomponenten-und-kupplungen/zugkupplungen/digitale-automatische-kupplung.html am 18.12.2023)

[4]   Report „DELIVERABLE D 4.2 - Final report on recommendations including best migration scenario, best point in time for migration in main system, measures needed and minimum requirements/criteria to ensure migration feasibility"; Project "DACcelerate"; Part of Shift2Rail under Horizon 2020; Grant Agreement Number 101046657   (abgerufen   von https://projects.shift2rail.org/download.aspx?id=4d65e817 -377c-4d7d-9a7e-e0c5c40c9d37 am 18.12.2023)

Die digitalisierte Organisation entlang des gesamten Transportprozesses im Landverkehr

Steven van Cauteren

TIMOCOM GmbH

Abstract

Die Produktivität der Mitarbeiter nimmt einen immer höheren Stellenwert ein. Um diese zu steigern, werden relevante Systeme miteinander verknüpft und entlang des gesamten Transportprozesses automatisiert Informationen ausgetauscht.

Die zeitaufwendige Beschaffung von Transporten auf dem Spotmarkt behindert die Produktivitätssteigerung. Doch mit den richtigen Tools kann dies mittlerweile digital und effizient in einem vertrauten Netzwerk von Geschäftspartnern stattfinden. Genau mit diesen Partnern findet im Transportprozess eine intensive und langwierige Kommunikation statt. Meistens auf Basis veralteter oder inkorrekter Daten.

Mit seinem digitalen Marktplatz schafft TIMOCOM die Basis für enorme Zeit- und Kostenersparnisse sowie Transparenz in den Transportschritten Anbahnung, Beauftragung, Planung, Durchführung, Tracking und Abrechnung.

1. Herausforderungen im Transportprozess

Schwankende Transportpreise, bürokratische Hürden, die Kommunikation mit Logistikdienstleistern und Ineffizienzen in der Supply Chain zählen für Verlader und verladende Spediteure zu den größten Herausforderungen in der Transportlogistik. Das hat eine qualitative Befragung unter deutschen Entscheidern im Auftrag von TIMOCOM im Zeitraum vom 03. bis 07. Juli 2023 ergeben. Für jede dieser Herausforderungen gibt es digitale Lösungen, von denen die Entscheider in unterschiedlichem Ausmaß profitieren können. Dieser Beitrag verdeutlicht das anhand des Transportprozesses im Straßengüterverkehr, von der Anbahnung bis zur Nachbereitung.

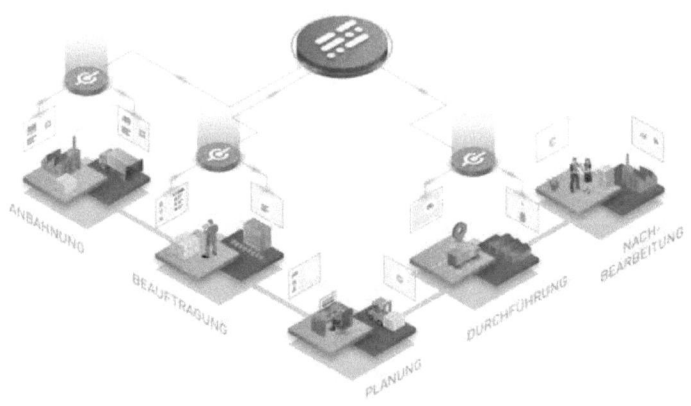

Abbildung 30: Die 5 Phasen des Transportprozesses im Landverkehr

2. Digitale Lösungen

2.1 Anbahnungsphase

In der Anbahnungsphase des Transportprozesses geht es darum, den richtigen Geschäftspartner zu finden und mit ihm einen angemessenen Preis auszuhandeln. In dieser Phase müssen v.a. die Herausforderungen schwankender Transportpreis, fehlende Laderaumkapazitäten und bürokratische Hürden adressiert werden. TIMOCOM löst das mittels eines digitalen Marktplatzes für den Spotmarkt und geschlossener Frachtenbörsen.

Der Spotmarkt wird durch die Fracht- und Laderaumbörse abgebildet, über die ein Großteil der eingestellten Frachtangebote innerhalb von 15 Minuten vergeben werden. Das Einstellen der Angebote erledigen 15 % der Nutzer via Schnittstelle aus dem eigenen Transportmanagementsystem (TMS), d.h. ohne Medienbruch und damit extrem zeitsparend. Fehlende Laderaumkapazitäten können so mittels eines Netzwerks von mehr als 55.000 Kunden aus ganz Europa innerhalb weniger Minuten ausgeglichen werden.

In die Frachtenbörse werden täglich bis zu 1 Million Fracht- und Laderaumangebote eingestellt – viele von ihnen mit Preisvorschlägen. Nutzer erhalten darüber ein transparentes Abbild der aktuellen Preisentwicklungen im europäischen Straßen-

güterverkehr. Diese Daten bilden auch die Basis des Transport-
barometers, das das Verhältnis von Angebot und Nachfrage für
individuell einstellbare Länder-Relationen zeigt. Damit behalten
Disponenten Marktschwankungen im Blick und haben eine
solide Bais für Preisverhandlungen und Kalkulationen.

Einigen Unternehmen erscheint die freie Dienstleisterwahl in
einem so großen Netzwerk allerdings unsicher, weshalb sie auf
geschlossene Frachtenbörsen für eine effiziente Zusammenarbeit innerhalb des eigenen Netzwerks setzen.

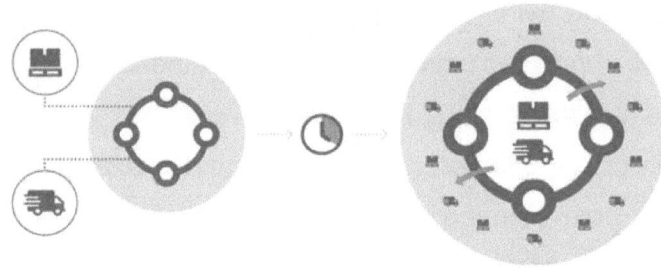

Abbildung 31: Grundprinzip der geschlossenen Frachtbörse

*In einer geschlossenen Frachtenbörse können Frachten und
Laderaum exklusiv einem definierten Benutzerkreis angeboten
werden, bevor sie nach einer bestimmten Zeitspanne allen
Marktplatzteilnehmern angezeigt werden.*

Diese exklusiven Netzwerke innerhalb des digitalen Marktplatzes ermöglichen eine enge Zusammenarbeit mit den eigenen Niederlassungen und Partnerstandorten, mit bereits bekannten Dienstleistern sowie zwischen Mitgliedern eines Verbands oder einer Kooperation. Sämtliche Frachtangebote gehen zunächst an einen vertrauten Empfängerkreis und die mühsame Prüfung des Geschäftspartners muss nicht stetig neu vorgenommen werden. Das entlastet die Unternehmen in der Ausführung ihrer Sorgfaltspflicht und der Erfüllung rechtlicher Vorgaben.

2.2 Beauftragung, Planung und Durchführung

In den Phasen des Beauftragens, Planens und Durchführens kommt es entscheidend darauf an, die Kommunikation zwischen den Geschäftspartnern zu vereinfach. Digitalisierung kann das leisten und so fehlender Transparenz in der Logistikkette und aufwendiger Kommunikation mit Logistikdienstleistern vorbeugen. Unterstützung bieten die digitale Beauftragung von Transporten ebenso wie die Live-Sendungsverfolgung.

Bei der digitalen Transportbeauftragung können Transportaufträge per Knopfdruck an den jeweiligen Geschäftspartner übertragen werden. Auftragnehmer können diese Transportaufträge anschließend direkt in der Weboberfläche verwalten, bzw. bei Bedarf in das eigene Transportmanagementsystem, kurz TMS, importieren. Fehler durch händisches Übertragen entfallen ebenso wie Übersetzungsaufwände im internationalen Kontext. Die Daten werden zuverlässig und schnell übermittelt und können für bis zu 10 Jahre sicher archiviert werden.

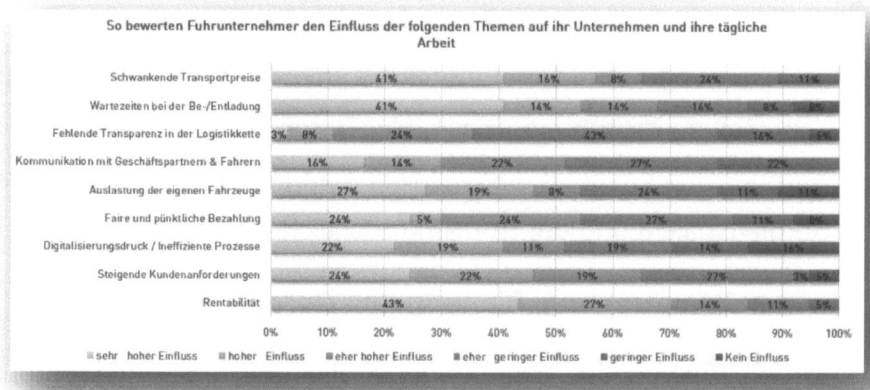

Abbildung 32: Herausforderungen für Dienstleister

Die Kommunikation lässt sich aber nicht nur vereinfachen, indem man sie in andere Bahnen lenkt. Auch zusätzliche Informationen können dabei helfen, mehr Transparenz zu schaffen. Real Time Visibility Lösungen sorgen im Güterverkehr seit einiger Zeit dafür, dass Informationen schneller fließen und zuverlässig alle Geschäftspartner erreichen. Das wiederum adressiert die Herausforderung der mangelnden bzw. aufwendigen Kommunikation zwischen den Geschäftspartnern. Eine Umfrage unter deutschen Transportdienstleistern im Jahr 2023 ergab, dass neben finanziellen Themen vor allem Wartezeiten bei der Be-

und Entladung sowie die Kommunikation mit Geschäftspartnern und Fahrern eine Herausforderung darstellen].

Die digitale Lösung, die hier unterstützen kann, heißt Live-Sendungsverfolgung. Dabei werden einzelne Sendungen mit einem digitalen Zwilling verknüpft, der sämtliche relevante Transportinformationen enthält:

- Kennzeichenübermittlung
- Positionsdaten
- Statusmeldungen
- Mengenanpassungen
- Voraussichtliche Eintreffzeit
- Ablieferungsnachweis

Diese Informationen können die Geschäftspartner zu jedem Zeitpunkt des Transports einsehen, sodass Änderungen an der geplanten Fracht und Verzögerungen im Transportprozess direkt allen Beteiligten vorliegen. Ausgewählte Informationen wie die voraussichtliche Ankunft am Entladeort können über einen Link an Dritte zusätzlich mit dem Empfänger der Ware geteilt werden, sodass auch hier kein zusätzlicher Kommunikationskanal eröffnet und keine Informationsweitergabe aktiv angestoßen werden muss. Welche Informationen wann geteilt werden, entscheidet der jeweilige Dateninhaber. Diese Angaben lassen sich jederzeit anpassen.

2.3 Nachbereitung

Mit Abladen der Ware ist der Transportprozess noch längst nicht vorbei. Vielmehr beginnt jetzt in vielen Fällen die Dokumentation, die Rechnungslegung und das Nachhalten, ob diese auch fristgerecht beglichen wird. In der Logistik, in der üblicherweise ein Zahlungsziel von 45 Tagen gilt, kann sich diese letzte Phase durchaus lange hinziehen. Bis Transportunternehmer für ihre Dienste bezahlt werden, können selbst bei fristgerechter Zahlungsanweisung schnell zwei Monate vergehen.

Um die Liquidität bei den Carriern zu erhalten, ist die pünktliche Bezahlung die zentrale Herausforderung in dieser Transportphase. Gemeinsam mit einem Partner bietet TIMOCOM seinen Kunden einen Factoringservice, der eine Zahlung innerhalb weniger Tage sicherstellt.

3. Fazit

Für viele der drängenden Herausforderungen des Straßengütertransports bestehen bereits digitale Lösungen. Entscheidend ist, dass sie sich in bestehende Infrastrukturen einzufinden wissen, sprich kompatibel sind mit bereits vorhandener Software. TIMOCOM bietet dafür vier standardisierte Schnittstellen zu etablierten Softwareanbietern der europäischen Logistik-IT an und kooperiert mit mehr als 290 Telematikanbietern aus ganz Europa.

Wir sehen somit eine doppelte Digitalisierungsstrategie. Die Inhouse Systeme – allem voran TMS – sind gefragter denn je. Gleichzeitig soll die Digitalisierung insbesondere in der Kooperation mit Kunden, Geschäftspartnern und Transportdienstleistern Mehrwerte schaffen. Hier sehen wir häufig noch analoge Kommunikationswege oder teure bilaterale Schnittstellen. Mithilfe von Plattformen wie TIMOCOM kann die Einbindung von Drittsystemen und Geschäftspartnern skalierbar gestaltet werden. Daher lautet unsere Devise: Mit einer Schnittstelle bei TIMOCOM bis zu 55.000 Geschäftspartner erreichen.

Blockchain in der Logistik

Michael Sasdi

SVA System Vertrieb Alexander GmbH

Abstract

Im Rahmen des Osnabrücker Logistik Forum 2023 wird das Thema Blockchain in der Logistik aufgegriffen.

In diesem Zusammenhang wird die bestehende Blockchain-Community sowie die zugehörigen Querschnittsthemenstellungen wie bspw. die Cloud, KI oder Cybersecurity vorgestellt.

Die Herausforderungen in der Logistik sowie ein bekanntes Anwendungsbeispiel Trade Lens aus dem Bereich Seeschifflogistik werden vorgestellt und vertieft.

Aufbauend auf der Einführung zur Blockchain in der Logistik sowie den Herausforderungen der Logistik, werden die drei Kernbausteine der Arbeit von SVA mit der Blockchain definiert. Hierbei handelt es sich um das Identitätsmanagement, die Integration und Entwicklung sowie die Risikomodellierung.

Die Blockchain Community

Die Blockchain Community ist, vergleichbar der nachstehenden Abbildung, eine von sechs Communities (Teams) im Consulting des öffentlichen Dienstes der SVA Vertrieb Alexander GmbH. Mit den anderen Communities wie Cloud, KI, SAP und Cybersecurity arbeitet die Blockchain Hand in Hand an der Modernisierung von Staat und Industrie.

Abbildung 33: Die Blockchain Community

Die Blockchain Community ist davon überzeugt, dass die Technologie einen großen Beitrag für die digitale Transformation leisten kann. Die Arbeit der Blockchain Arbeitsgruppe gliedert sich in der Fokusbereiche, die in der nachstehenden Abbildung erklärt und spezifiziert werden.

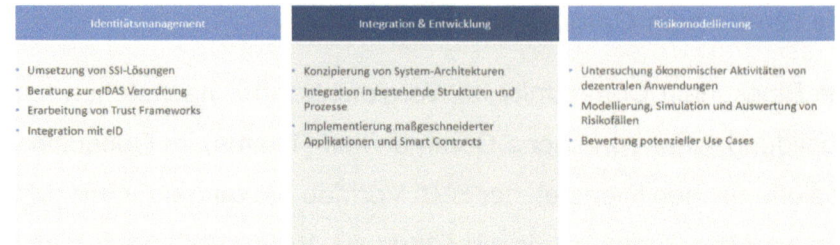

Abbildung 34: Arbeitsgruppen der Blockchain Community

Die Blockchain-Technologie wird in diesem Beitrag nicht erklärt. Im Wesentlichen handelt es sich um eine Querschnittstechnologie für verschiedene Anwendungen aus den Bereichen Industrie und Finance, Healthcare, Automotive, Smart Energy und Logistik.

Herausforderungen in der Logistik

Wie kann die Blockchain helfen, die unterschiedlichen Herausforderungen in der Logistik zu meistern?

Die Herausforderungen in der Logistik sind in den komplexen und interdependenten menschlichen und maschinellen Einflüssen zu suchen und lassen sich in die folgenden Herausforderungen aufteilen:

- Effiziente Lagerverwaltung
- Digitalisierung von Versanddaten, Frachtinformationen, Handels- und Zolldokumenten
- Bessere Disposition

- Zeitgewinn und Fehlervermeidung bei der Datenerfassung
- Schnelle Reaktion auf Kundenaufträge
- Sicherheit vor Warenverlust
- Sensormessung
- Einhaltung des Lieferkettensorgfaltspflichtengesetzes

Mit der Blockchain-Technologie werden Daten als auch die Steuerung und Führung dieser dezentral organisiert. Für Logistik-Geschäftsprozesse bedeutet das: sicherer Datenaustausch, Garantie für die Authentizität von Daten und Prozessautomatisierung. Und was die Regulierung und Kontrolle der Plattform angeht, haben die jeweiligen Logistik-Unternehmen weiterhin das Sagen - anders als bei zentral organisierten Plattformen. Das war auch der Plan von Tradelens. Diese haben eine private Blockchain auf Basis von Hyperledger Fabric aufgebaut.

Beispiel Trade Lens – Wertvolle Erkenntnisse und Lehren

IBM und die Maersk-Abteilung GTD-Solution hatte im August 2018 die TradeLens-Plattform vorgestellt, einem Ökosystem für die weltweite Container-Schifffahrt. Es handelt sich hier um ein Blockchain Use Case für die Container-Schifffahrt, um globale Lieferketten digital nachvollziehbar zu machen und langwierige bürokratische Prozesse zu beseitigen. Versanddaten, Frachtinformationen, wichtige Handelsdokumente, Sensormessungen,

Zolldokumente und andere Daten der beteiligten Instanzen wurden auf der Plattform - als "Single Point of Truth" - zentral bereitgestellt und von allen Beteiligten weltweit genutzt. Die Lösung hat nachweislich für viele Vorteile und zu Effizienz geführt. Dennoch überstiegen die Kosten die Vorteile. Dafür hätten mehr Unternehmen sich an der Lösung beteiligen müssen, um die Mehrkosten durch den Aufbau der Blockchain zu kompensieren.

Das Projekt ging im ersten Quartal 2023 zu Ende. Es scheiterte mutmaßlich daran, dass sich nicht genügend Seefracht-Logistiker dem Projekt anschlossen.

Lösungsraum – Umsetzung der 3 Bausteine

Technisch erfolgreich, doch mit Schwächen in der Gouvernance. Das Design von Tradelens hat Schwächen darin gehabt, dass Maersk als einer ihrer größten Rivalen Mitinitiator war. Wer sollte sich also einem System anschließen, welches vom Wettbewerber aufgesetzt wurde. Dass es sich hierbei um eine Blockchain handelt, ändert nichts daran, dass es ein unvorteilhaftes System mit einem Mächte-Ungleichgewicht gibt.

Die Blockchain-Technologie basiert auf unterschiedlichen Technologien und unterschiedlichen Design Patterns (Distributed Ledger Technologien, PKI, Zero Trust, public oder privat, offen oder beschränkt im Zugang). Insofern ist das richtige

Entwurfsmuster entscheidend. Eine private Blockchain-Technologie war nicht das erfolgreiche Modell. Das Modell muss also verbessert werden und in der Governance gestärkt werden. Dazu gehört, dass die Blockchain nicht im Besitz einer Unternehmung ist, der Code transparent und nachvollziehbar ist. Eine öffentliche Blockchain beinhaltet diese Eigenschaften, in der sich jeder Teilnehmer erlaubnislos anschließen kann. Jeder Teilnehmer hat eine eindeutige und selbstsouveräne Identität (SSI). Dadurch wird Identitätsdiebstahl ausgeschlossen. Zudem kann jeder durch SSI selbst bestimmen, welche Daten privat gestellt und welche mit anderen geteilt werden.

Zusammengefasst sind folgende Eigenschaften für das Design einer Blockchain wichtig:

- Public
- Open-Source
- Offener Zugang (Permissionless)
- Selbstsouveräne Identität

Um solch ein Design zu erstellen und umzusetzen, wurden 3 Bausteine innerhalb der Blockchain-Community entwickelt:

1. **Identitätsmanagement**
2. **Integration & Entwicklung**
3. **Risikomodellierung**

Um in einem dezentralen Netzwerk sicher und nachvollziehbar unternehmerisch tätig zu werden und nachvollziehbar wirtschaftliche Logistik Leistungen anzubieten und nachzufragen werden diese 3 genannten Bausteine benötigt.

Der 1. Baustein dient dazu, dass eine klare und für alle nachvollziehbare Identität entwickelt und zur Verwendung kommt. Nur so kann sichergestellt werden, dass ein Anbieter von Leistungen auch tatsächlich derjenige ist, als der er sich ausgibt. Nur diesem kann vertraut werden. Neben der Identität kann auch eine Historie des Dienstleisters wie Referenzen nachvollzogen werden wobei gleichzeitig wichtige Informationen auch hinter Verschluss bleiben müssen (wie bspw. Preise). Zudem gibt es Maschinen, die für die Erfassung von Daten relevant sind, die eigene Identitäten besitzen.

Im 2. Baustein wird das System so entwickelt und integriert, dass diese in bestehende Strukturen angebunden und eingebunden (bspw. ERP-Systeme) werden kann und implementiert maßgeschneiderter Applikationen und Smart Contracts, die ein wesentlicher Bestandteil der Blockchain-Technologie sind, um programmierbare und damit flexible Prozesse zu generieren.

Im 3. Baustein findet zugunsten der Stabilität eines Systems, eine Untersuchung ökonomischer Aktivitäten von dezentralen Anwendungen statt. Dazu gehören die Modellierung, Simulation und Auswertung von potenziellen Anwendungen und die Stabilität der Anwendung. Untersuchungen über Incentives, Mächteverhältnisse erfolgen hier und erbringen plausible Hinweise über die Wertigkeit eines Systems.

Identitätsmanagement – Verwendung des ersten Bausteines

Es gibt menschliche und maschinelle Akteure in der Logístik. Zu den ersten gehören die teilnehmenden Akteure. Letzteres sind Maschinen wie Sensoren, PLC's, Messgeräte aller Art, welchen die zu handelnden Produkte und deren jeweiliger Existenz tracken und in ihrer Existenz belegen.

Identitäten der Teilnehmer

Mit der umfassenden Expertise im Bereich Identitätsmanagement werden fortschrittliche Lösungen zur Implementierung von Self-Sovereign Identity (SSI) und zur Integration von eID. Mit Hilfe von SSI kann die gesetzte Digitalisierungsstrategie effizient umgesetzt und die Ziele der Prozessoptimierung sowie der Datenqualitätsverbesserung in einer rechtssicheren Form erreicht werden. SSI-Konzepte bieten enorme Digitalisierungspotenziale für den Wandel von dokumentenzentrierten (PDF) zu informationszentrierten Prozessen. So können durch die Verwendung von SSI nur einzelne willentlich gewollte Attribute der Identität und der Nachweise angegeben werden. Dies stärkt die DSGVO-

Konformität und stellt nebenbei die Basis für rechtsichere und digitale Unterschriftsprozesse.

Wichtig ist der Aufbau eines VC – Verifiable Credential Netzwerkes. In diesem System muss also ein Herausgeber (Issuer) aufgebaut werden. In vielen Netzwerken sind das Dachverbände oder andere Vertraueninstanzen. Die Halter (Holder) sind die Inhaber der Identitäten und verifizierende Instanzen (Verifier) prüfen die Informationen wenn notwendig.

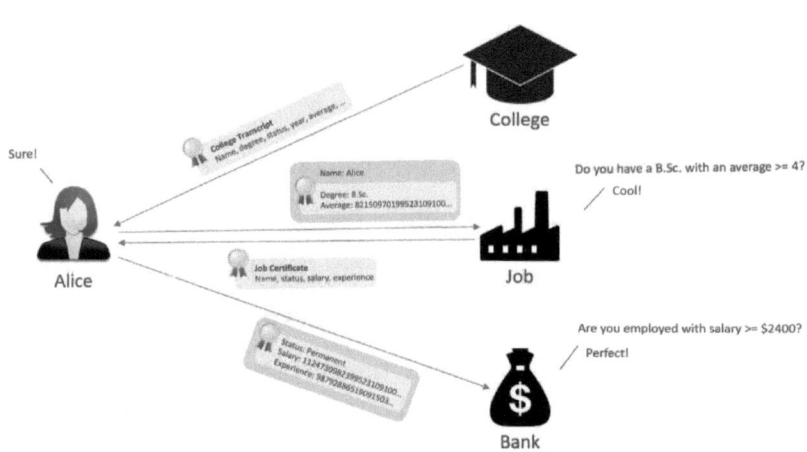

Abbildung 35: Verifiable Credential Network

Maschinenidentitäten–Hardware-Wallets als Vertrauensanker

Das DLT-Netzwerk ermöglicht die Teilnahme von Maschinen an der Web3-Wirtschaft durch seine fünf Grundpfeiler – Identität, Interaktion, Netzwerk, Anreize und Maschinensignale.

Das Netzwerk besteht aus dezentralen verteilten Maschinen, Maschineninfrastruktur, Prozesse und Produkte, die entlang der der kompletten Wertschöpfungskette, der Logistikdienstleistung erfolgen und für das Tracking und Tracing zuständig sind. Durch die Verbindung von Edge-Geräten an eine integrierte Hardware-Wallet können Deskriptoren die Herkunft und Integrität von Daten und Signalen beschreiben, dokumentieren und garantieren. Sie belegen damit die industrielle und regulatorische Konformität der Daten. Darüber hinaus ermöglichen Deskriptoren den vertraulichen Datenaustausch zwischen Dritten, denen das Vertrauen zueinander fehlt.

Alle Maschinen werden über einfache DIDs (dezentrale Identifikatoren) identifiziert. Physische Vertrauensanker, wie dedizierte Hardwarekomponenten, die aus einer Kombination einer sicheren Hardware-Wallet und einem Datenlogger bestehen, stellen die Sicherheit über die Identität und die Qualität der Daten dar.

Verwendung des zweiten Bausteins – Integration & Entwicklung

Mit der Entwicklung und Integration von Blockchain-Lösungen vertraut. Werden in diesem Baustein maßgeschneiderte Applikationen und Smart Contracts implementiert, die Geschäftsabläufe effektiver gestalten und neue Potenziale ermöglichen. Der Fokus liegt auf der nahtlosen Integration in bestehenden Systemen, um einen reibungslosen Übergang und optimierte Prozesse zu ermöglichen. Daten werden unlöschbar in ein Hauptbuch geschrieben. Smartcodes ermöglichen Automatisierung. Daten sind für eine spätere Analyse verwertbar. Smart Contracts optimieren die Supply Chain und statt aufwendiger Papierdokumente gibt es nachvollziehbare digitale Nachweise.

Track & Trace – Design der digitalen Abläufe (Digitaler Zwilling)

Routing innerhalb der Lieferkette kann sichtbar, nachvollziehbar und auch in Kombination mit KI optimiert werden. Wie schon unter Identitäten beschrieben, wird innerhalb der Supply-Channel jede Übergabe an einen IoT-Sensor und an PLCs (Programmable Logic Controllers) festgehalten und in der Datensenke Blockchain abgelegt. Die Steuerung, Einsicht und der Zugriff wird digitalisiert und in einem Dashboard, welches die

Lieferkette, die IoT-Knoten und deren Standorte bestmöglich abbildet, visualisiert.

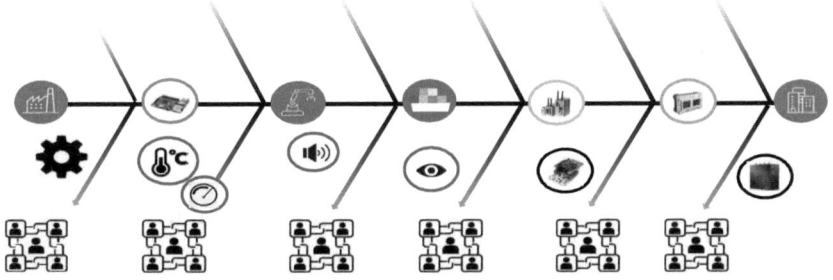

Abbildung 36: IoT-Knoten

Payment Streaming

Ein wirklicher Mehrwert wird geschaffen, wenn die Dienstleistungen auch gleich monetär im selben System beglichen werden.

Programmierbares Geld bezieht sich auf neue Finanztechnologien, deren Eigenschaften und Funktionen durch digitale Programme und Algorithmen gesteuert werden können. Im Gegensatz zu herkömmlichen Währungen erlaubt programmierbares Geld, das Software Geld besitzen kann und damit Verträge und automatisierte Transaktionsabläufe implementiert werden können. Diese Art von Währung kann so programmiert werden, dass sie bestimmte Bedingungen erfüllt, sich automatisch zwischen verschiedenen Parteien verteilt oder sogar spezifische Anwendungsfälle wie Micropayments und kontinuierliche Zahlungsströme unterstützt.

Paymentstreaming bezeichnet eine innovative Methode Finanztransaktionen, die auf kontinuierlichen, fließenden Zahlungen basiert. Im Unterschied zu traditionellen Zahlungsnetzwerken, die auf diskreten Transaktionen beruhen, ermöglicht Paymentstreaming nahezu Echtzeitübertragungen von Geldwerten ohne Umbuchungen ("Sofort Überweisungen") und Intermediäre. Diese Echtzeitzahlungen reduzieren Opportunitätskosten und Zinsen.

Risikomodellierung – Verwendung des dritten Bausteins

Die Welt der dezentralen Anwendungen ist komplex und ständig in Bewegung. Deshalb ist eine Modellierung und Simulation von Risiken in sozioökonomischen Systemen in den Bereichen Tokenomics und Token Engineering entscheidend um Projekte robust zu gestalten und Risiken zu managen.

Der erste Anwendungsfall der Blockchain war Bitcoin. Dieser ist ein Beispiel für Stabilität eines sozioökonomischen Systems. Es ist eine wirtschaftliche Innovation und rein durch den Code definiert, dass Menschen, die sich nicht kennen, sich nicht vertrauen, die keine Verbindung zueinander haben und anonym sind es schaffen, sich abzustimmen.

Wenn wir von digitalen Zwillingen sprechen, welche IoT Daten wie Sensoren als digitalen Zwilling abbilden, so ist das Abbilden von wirtschaftlichen Kontexten und Werten in der digitalen Darstellung der Token. Wir sprechen von einer Tokenökonomie.

Wir kennen aus unserer Ökonomie, dass bei einer Inflation unsere Kaufkraft zurück geht. Token, stellen einen wertmäßigen stellvertretenden Tauschgegenstand für die realen Abbildungen der Güter dar. Mit Token kann also ein systematisches Belohnungsprogramm (als generalisierter Verstärker) entwickelt werden, welcher ein erwünschtes Verhalten der Teilnehmer zur Folge hat.

Mit Hilfe der Prinzipien der Tokenökonomie ist es möglich die Nachhaltigkeit von DLT-Projekten anhand von sieben Prinzipien zu untersuchen. Sie liefern erste Daumenregeln, nach denen Projekte designt werden können.

1. Die Token dienen dazu ein Koordinationsproblem zu lösen

2. Es sollte einen klaren Nutzen und konstante Nachfrager geben

3. Verwendete Token sollten mindestens wertstabil, wenn nicht sogar an Wert zunehmen

4. Allokation und Gewinne sollten mit Wertzuwachs korrelieren.

5. Geeignete Verteilungsmechanismen gegenüber wertschöpfenden Nutzern

6. Nachhaltige Belohnungsstruktur

7. Angebotsstabilität

Durch die Anwendung dieser Prinzipien kann ein stabiles und nachhaltiges System geschaffen werden, an dem eine große Anzahl von Teilnehmer Logistik Dienstleistungen anbieten und wertschöpfend partizipieren.

Diese 3 Bausteine hat die Blockchain Community als Fokusbereiche in 3 Säulen zusammengefasst. Zudem haben wir neben dem Segment Entwicklung innerhalb der Blockchain Community noch das Segment Projekt- und Prozessmanagement. Damit kann die Blockchain Community vollumfänglich beraten, konzipieren und entwickeln und zugleich das Projektmanagement anbieten.

Supply Chains im Check-up: Erkenntnisse aus einer empirischen Untersuchung des Process Mining im Supply Chain Management am Fallbeispiel eines Süßwarenherstellers

Christine Freye[1,3], Arne Russ[1], Mahmut Arica[2,3]

[1] August Storck KG
[2] FOM Hochschule für Oekonomie & Management
[3] FOM-Institut für IT-Management & Digitalisierung

Abstract

Die Forderungen aus Politik und Gesellschaft nach stabileren, robusteren und widerstandsfähigeren Lieferketten, machen eine umfassende Analyse der Strukturen, Beteiligten und Abhängigkeiten unumgänglich. Dabei fehlen wissenschaftliche-neutrale Erkenntnisse, auf welche die betriebliche Praxis zurückgreifen kann. Ausgehend von einer umfassenden empirischen Untersuchung, kann begründet aufgezeigt werden, dass die Potentiale für das Process Mining besonders in der intra- statt interorganisationalen Anwendung im Lieferkettenmanagement liegen. Folglich eignet es sich gegenwärtig für Check-ups in internen Lieferketten vom Einkauf bis zum Vertrieb und weniger für stromaufwärtsgerichtete Lieferketten vom einkaufenden Unternehmen über die involvierten (Vor-) Lieferanten.

Einleitung

Die Krisen der vergangenen Jahre, wie z.B. der Ausbruch der Corona-Pandemie in 2020, der Beginn des russischen Angriffs-kriegs in 2022 oder der Hamas-Angriff in Israel in 2023, führten zu tiefgreifenden Störungen und Unterbrechungen in den Lieferketten (engl. Supply Chains) [1, 2]. Als eine Konsequenz wird die Errichtung robusterer und widerstandsfähigerer Lieferketten gefordert [3]. So appellieren bspw. die OECD, das Weltwirtschaftsforum, die Europäische Kommission oder die G7-Staaten eindringlich an die Industrie ihre Lieferketten zu stabilisieren, um sowohl die aktuellen als auch zukünftigen Krisen und Herausforderungen besser bewältigen zu können [4–7].

Um einerseits den Appellen aus Gesellschaft und Politik nachgehen sowie andererseits die unternehmensinternen Interessen erfüllen zu können, sind die eigenen Lieferketten zu durchdringen, zu verstehen und zu verbessern [3, 8]. Damit die involvierten Parteien ideal mit- und aufeinander abgestimmt werden können, sind die Prozesse in den Lieferketten um-fassend zu analysieren [9]. In diesem Zusammenhang gilt das Process Mining als aktuell führendste Technik zur Prozess-analyse [10]. Indem die in den IT-Systemen generierten Daten untersucht werden, ermöglicht das Process Mining die tatsächlichen Prozesse zu durchleuchten [11, 12].

Obwohl das Process Mining als de-facto Standard für Prozessanalysen gilt [12], bieten derzeit ausschließlich Softwareanbieter und Unternehmensberatungen praktische Einblicke [3]. Auch wenn der wissenschaftliche Diskurs grundsätzlich die Nutzung des Process Mining im Lieferkettenmanagement unterstützt, fehlen objektivierte Erkenntnisse, auf die betriebliche Akteure und Entscheider zurückgreifen können [10, 13].

Mit Blick auf die empirische Kenntnislücke, setzt sich dieser Beitrag mit einer Untersuchung des Process Mining im Lieferkettenmanagement auseinander. Dabei wird eine duale Sichtweise aus Wissenschaft und Praxis eingenommen, um eine ganzheitliche Beurteilung zu ermöglichen. Damit wird die Grundlage geschaffen, um praxisrelevante Erkenntnisse zu erarbeiten, die sowohl den wissenschaftlichen Anforderungen als auch den praktischen Bedürfnissen entsprechen.

Grundlagen

Das Process Mining, auch als Controllflow Mining oder Workflow Mining bezeichnet, analysiert die „digitalen Spuren" die bei der Ausführung von Aktivitäten in IT-Systemen entstehen [11, 12]. Im Fokus der „digitalen Spuren" stehen die Ereignisprotokolle (engl. Event Logs), die einzelne Aktivitäten eindeutig mit einem Zeitstempel dokumentieren [11], wie z.B. Bestellung anlegen, Bestellung an Lieferant versenden oder Wareneingang zur Bestellung buchen. Auch zusätzliche Informationen, wie ausführender Benutzer oder Organisationseinheit, können in einem Ereignisprotokoll enthalten sein [14], wie in Abbildung 37 dargestellt. Es gilt anzumerken, dass im Process Mining ausschließlich die Aktivitäten berücksichtigt werden können, die systemgestützt ausgeführt und dokumentiert werden [3].

Abbildung 37: Beispiel für ein Ereignisprotokoll

Zur Analyse der Ereignisprotokolle werden die Techniken des Data Mining angewendet, um Auffälligkeiten, Zusammenhänge oder Muster zu entdecken. Durch die Kombination des Prozess-, Daten- und Informationsmanagements miteinander, wird im Process Mining das „verborgene Wissen" aus IT-Systemen systematisch extrahiert. Dadurch wird die Grundlage für das (1) entdecken, (2) überwachen, (3) verbessern und (4) simulieren von Prozessen geschaffen [12], wie in Tabelle 1 zusammengefasst [3].

Tabelle 1: Arten des Process Mining [10]

Funktion	Beschreibung
Entdecken	Die Ereignisprotokolle werden chronologisch angeordnet, wodurch der tatsächliche Prozessablauf angezeigt wird. Zusätzlich können etwaige Prozessvariationen ausgegeben werden.
Überwachen	Die Entdeckung von Prozessabläufen (inkl. Variationen), ermöglicht einen Vergleich vom ursprünglich geplanten (Soll) zum tatsächlich (Ist) ausgeführten Prozess. Zusätzlich kann aufgezeigt werden, an welchen Stellen (Aktivitäten) vom ideal geplanten Prozessablauf abgewichen wird.
Verbessern	Die Entdeckung und Überwachung von Prozessabläufen ermöglicht Anhaltspunkte festzustellen und zu bewerten, die Soll-/Ist-Abweichungen begünstigen.

Funktion	Beschreibung
Simulieren	Beim Simulieren werden die Ereignisprotokolle anders angeordnet, um die Auswirkungen und Folgen von Prozessänderungen zu beurteilen. Daher wird es auch als „vorausschauend verbessern" bezeichnet.

Schlussfolgernd ermöglicht das Process Mining das „verborgene Wissen" (oder bisher schwer erreichbare Wissen) systematisch zu extrahieren und zielgerichtet aufzubereiten. Damit kann es als eine Art bildgebendes Verfahren verstanden werden, dass Röntgenaufnahmen von Lieferketten bereitstellen kann. Auf dieser Basis wird ein umfassender Check-Up ermöglicht [3].

Bewertung

Um eine begründete Beurteilung und Einordnung des Process Mining im Lieferkettenmanagement vornehmen zu können, wird ein Bewertungsschema entwickelt. Hierfür werden die bewertungsinteressierenden Merkmale des (A) Process Mining und der (B) Widerstandsfähigkeit konkretisiert und miteinander kombiniert, wie in Tabelle 2 dargestellt.

Zur Operationalisierung der Merkmale werden mögliche Potentiale thesenartig formuliert, die sich auf die Erkenntnisse einer integrativen Literaturanalyse und einer repräsentativen Einzelfallstudie zur Anwendung des Process Mining im

Lieferkettenmanagement stützen [10]. Auf dieser Grundlage werden insgesamt 27 Potentiale formuliert und den vier Facetten des (A) Process Mining zugeordnet. So kann bspw. die These „Mithilfe des Process Mining können gleiche Prozesse in den verschiedenen und beteiligten Organisationen der Lieferkette überwacht werden." der Facette (A2) überwachen zugeordnet werden. Eine Übersicht aller Potentiale kann dem Anhang A entnommen werden. Das Merkmal der (B) Widerstandsfähigkeit wird nicht weiter operationalisiert.

Tabelle 2: Konkretisierung der Bewertungsmerkmale

Merkmal	Beschreibung
Process Mining	Das Process Mining wird anhand der Arten in (A1) entdecken, (A2) überwachen, (A3) verbessern und (A4) simulieren unterteilt [11, 12]. Nicht eindeutige Facetten werden in (A0) allgemein eigeordnet.
Widerstands-fähigkeit	Die Widerstandsfähigkeit wird anhand ihrer Teilfähigkeiten in (B1) Anpassungs- und (B2) Wandlungsfähigkeit sowie ihrer (B3) Effizienz unterteilt [15]. Nicht eindeutige Facetten werden in (B0) allgemein eingeordnet.

Durch die Kombination der Merkmale entsteht eine matrixähnliche Struktur, die eine umfassende als auch detail-lierte Beurteilung möglich macht. So werden bspw. die Potentiale der Dimension (A2) überwachen den Dimensionen der (B1) Anpassungsfähigkeit, (B2) Wandlungsfähigkeit und der (B3) Effizienz gegenübergestellt. Die Facetten (A0) und (B0) allgemein werden ausschließlich miteinander beurteilt. Abbildung 38 stellt die Bewertungsstruktur dar.

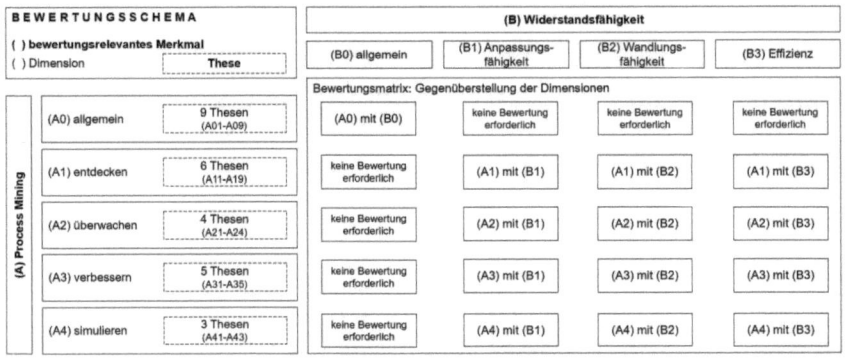

Abbildung 38: Struktur des Bewertungsschema

Um ein nachvollziehbares und fundiertes Werturteil zu erhalten, werden die Bewertungsausprägung standardisiert, wie in Tabelle 3 dargestellt [16].

Tabelle 3: Bewertung anhand einer Likert Skala

0	1	2	3	4
Keine Angabe	Stimme nicht zu	Stimme eher nicht zu	Stimme eher zu	Stimme voll zu

Insgesamt werden fünf Personen mit nachweisbarer Expertise und praktischer Erfahrung anhand des zuvor entwickelten Schemata befragt [17]. Zur transparenteren und verständlicheren Einordnung, Auswertung sowie Deutung der Antworten, wird die Logik des Ampelfaktors (engl. Risk-Matrix based Ranking) adaptiert [18, 19]. Hierfür werden die einzelnen zu bewertenden Dimensionen des Merkmals (B) Widerstandsfähigkeit gegenübergestellt. Unter Berücksichtigung der Bewertungsdimensionen und -ausprägungen, entstehen jeweils drei Matrizen mit je 16 Feldern, die wiederrum anhand ihrer Bedeutung farblich eingefärbt und mit einem Punktwert von eins bis drei versehen werden. Anhand der Quersumme, die sich aus der Summierung der Punktwerte aus den drei Matrizen ergibt, kann die Eignung festgestellt werden, wie in Abbildung 39 dargestellt.

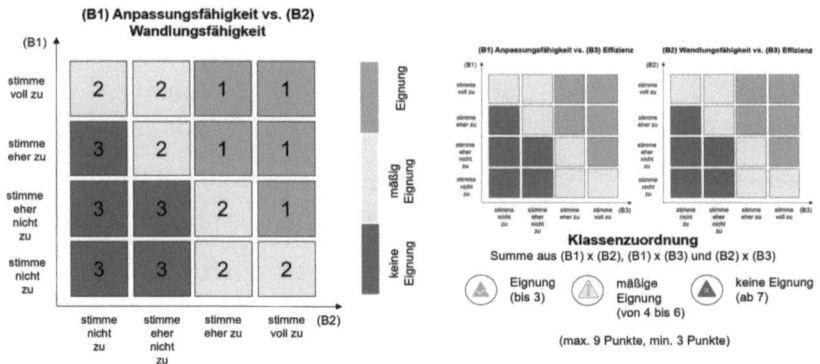

Abbildung 39: Bewertung anhand eines Ampelfaktors

Insgesamt werden elf Potentiale als geeignet, fünf Potentiale als mittelmäßig geeignet und zwei Potentiale als nicht geeignet angesehen. Eine Übersicht der Bewertung aller Potentiale kann dem Anhang B entnommen werden.

Fazit

Als eine Reaktion auf die zunehmenden Forderungen aus Politik und Gesellschaft sowie dem Eigeninteresse der Wirtschaft nach stabileren, robusteren und widerstandsfähigeren Lieferketten, untersucht dieser Beitrag das Potential des Process Mining im Lieferkettenmanagement. Auch wenn ausdrücklich eine lieferkettenzentrierte Perspektive eingenommen wird, erfordert der technologische Ursprung des Process Mining eine IT-integrierende Betrachtungsweise.

In diesem Zusammenhang können die unter (A0) zusammengefassten Potentiale als zweckdienliche Voraussetzungen zur Anwendung des Process Mining verstanden werden. Auch wenn ein kooperatives Verständnis angenommen wird, stellen die natürlichen Organisationsgrenzen der beteiligten Unternehmen in der Lieferkette bereits eine Hürde dar. So erfordert die Anwendung des Process Mining bspw. die Bereitschaft zur Verfügungstellung eigener Daten in abgestimmter Form. Auch die fehlende einheitliche und standardisierte Systemunterstützung, erschwert die Generierung notwendiger sowie möglichst vollständiger Ereignisprotokolle (A01, A03). Daher ergeben sich die meisten Potentiale des Process Mining in der intraorganisationalen Anwendung innerhalb eines Unternehmens. Zur Steigerung der Widerstandsfähigkeit eignen sich besonders die Potentiale (A41, A42, A43) aus dem Bereich der Simulation, wobei die Anpassungs- und Wandlungsfähigkeit zu Gunsten schlechterer Effizienzwerte erhöht wird.

Insgesamt kann das Process Mining einen Beitrag zur Verbesserung der Widerstandsfähigkeit von Lieferketten leisten. In diesem Zusammenhang kann das Process Mining eine Art Check-Up bieten, um Lieferketten intensiver zu durchdringen und zu verstehen. Allerdings setzt das Check-Up ein erforderliches Body-Fit voraus, welches sich in den hinreichenden

Bedingungen zur Anwendung des Process Mining widerspiegelt: Aktivitäten werden systemunterstützt ausgeführt, Aktivitäten werden vollständig und richtig dokumentiert sowie es besteht ein Zugriff auf die Dokumentationen der Aktivitäten. Im Praxisalltag erreichen besonders die internen Lieferketten, die in der Verantwortung eines Unternehmens liegen, dieses notwendige Body-Fit. Bei Lieferketten, in denen mehrere Unternehmen beteiligt sind, behindert eine nicht-vorhandene einheitliche oder abgestimmte Systemnutzung die Herstellung dieses Body-Fit. Auch gilt es gewisse Rivalitäten der beteiligten Unternehmen in der Lieferkette zu beachten, die sich negativ auf die Bereitschaft zum Teilen und Verarbeiten von Daten und zur Umsetzung gemeinsamer Verbesserungen auswirken.

Hinweis:

Auf Nachfrage können weitergehende Ergebnisse aus der Untersuchung zur Verfügung gestellt werden.

Anhang A: Thesen zum Merkmal des Process Mining

D	#	Beschreibung
(A1) entdecken	A11	Mithilfe des Process Mining kann die „tatsächliche" Prozessausführung entdeckt werden.
	A12	Mithilfe des Process Mining können Anhaltspunkte zur Prozessvereinfachung (z.B. Vermeidung von Doppel- oder Mehrarbeiten) entdeckt werden.
	A13	Mithilfe des Process Mining können Anhaltspunkte zur Prozessautomatisierung entdeckt werden.
	A14	Mithilfe des Process Mining können Engpässe im Prozess („Bottlenecks") entdeckt werden.
	A15	Mithilfe des Process Mining können Schwachstellen in den entworfenen und geplanten Prozessen in der Lieferkette entdeckt werden.
	A16	Mithilfe des Process Mining können Unterschiede und Gemeinsamkeiten in der Prozessausführung gleicher Prozesse in den verschiedenen und beteiligten Organisationen der Lieferkette entdeckt werden.
(A2) überwachen	A21	Mithilfe des Process Mining kann die geplante gegenüber der „tatsächlichen" Prozessausführung überwacht werden.
	A22	Mithilfe des Process Mining können gleiche Prozesse in den verschiedenen und beteiligten Organisationen der Lieferkette überwacht werden.
	A23	Mithilfe des Process Mining können Prozessleistungen ad-hoc dargestellt werden.

	A24	Mithilfe des Process Mining kann die Prozessleistung permanent („jederzeit zugreifbar") abgebildet werden.
(A3) verbessern	A31	Mithilfe des Process Mining können Prozesse standardisiert werden.
	A32	Mithilfe des Process Mining können mehrere und miteinander verbundene Prozesse harmonisiert werden.
	A33	Mithilfe des Process Mining kann eine verbesserte Abstimmung der beteiligten Organisationen im Prozess erreicht werden.
	A34	Mithilfe des Process Mining können die Prozesse in den verschiedenen und beteiligten Organisationen der Lieferkette standardisiert werden.
	A35	Mithilfe des Process Mining können mehrere und miteinander verbundene Prozesse in den verschiedenen und beteiligten Organisationen der Lieferkette harmonisiert werden.
(A4) simulieren	A41	Mithilfe des Process Mining können zukünftige oder potentielle Änderungen und Szenarien simuliert werden.
	A42	Mithilfe des Process Mining können geeignete Prozessvarianten für die zukünftigen oder potentiellen Änderungen und Szenarien erarbeitet werden.
	A43	Mithilfe des Process Mining können die Wirkungen, die aus den zukünftigen oder potentiellen Änderungen und Szenarien stammen, erfasst und dargelegt werden.
(A0) =	A01	Die (Ereignis-) Protokolle werden in den Systemen aufgezeichnet und können bereitgestellt werden.

A02	Die bereitstellbaren (Ereignis-) Protokolle dokumentieren die „tatsächlichen" Aufgaben bei der Prozessausführung.
A03	Die bereitstellbaren (Ereignis-) Protokolle können auch anderen Organisationen in der Lieferkette bereitgestellt werden.
A04	Die bereitstellbaren (Ereignis-) Protokolle werden von den verarbeitenden Organisationen vertraulich behandelt.
A05	Die bereitstellbaren (Ereignis-) Protokolle können im Rahmen des Process Mining bereinigt und zweckdienlich für die Analyse aufbereitet werden.
A06	Das Process Mining kann auf die realen („tatsächlichen") und bereitstellbaren (Ereignis-) Protokolle angewendet werden.
A07	Die technischen Möglichkeiten des Process Mining können praktisch angewendet und genutzt werden.
A08	Die aus der Anwendung und Nutzung des Process Mining gewonnen Erkenntnisse können technisch dargelegt und erklärt werden.
A09	Die aus der Anwendung und Nutzung des Process Mining gewonnen Erkenntnisse können fachlich darlegt und erklärt werden.

Anhang B: Übersicht des Bewertungsergebnisses

D	#	(B1) x (B2)	(B1) x (B3)	(B2) x (B3)	Ergebnis
(A1)	A11	1	1	1	3
	A12	1	1	1	3
	A13	1	1	1	3
	A14	1	1	1	3
	A15	1	1	1	3
	A16	1	1	1	3
(A2)	A21	1	1	1	3
	A22	3	2	2	7
	A23	1	1	1	3
	A24	1	1	1	3
(A3)	A31	1	1	1	3
	A32	2	2	2	6
	A33	2	2	1	5
	A34	3	3	3	9
	A35	1	1	1	3
(A4)	A41	1	2	2	5
	A42	1	2	2	5
	A43	1	2	2	5

Erläuterung zum Anhang B: Dimensionen des (A) Process Mining bilden (A1) entdecken, (A2) überwachen, (A3) verbessern und (A4) simulieren. Dimensionen der (B) Widerstandsfähigkeit bilden (B1) Anpassungsfähigkeit, (B2) Wandlungsfähigkeit und (B3) Effizienz. Ergebniswerte (1-3) sind geeignet, (4-6) sind mäßig geeignet und (7-9) sind nicht geeignet.

Literaturverzeichnis:

[1] A. H. Glas, M. M. Meyer, and M. Eßig, *"Covid-19 attacks the body of purchasing and supply management: A medical check of the immune system,"* Journal of Purchasing and Supply Management, vol. 27, no. 4, p. 100716, 2021, doi: 10.1016/j.pursup.2021.100716.

[2] E. Orhan, *"The effects of the Russia-Ukraine war on global trade,"* Journal of International Trade, Logistics and Law, vol. 8, no. 1, pp. 141–146, 2022.

[3] C. Freye and M. Arica, *"Process Mining: Hype oder Allheilmittel?,"* beschaffung-aktuell, 7/8, pp. 30–32, 2023.

[4] OECD, Keys to resilient supply chains: Policy tools for preparedness and responsiveness. [Online]. Available: https://www.oecd.org/trade/resilient-supply-chains/ (accessed: Nov. 25 2023).

[5] World Economic Forum, Shared intelligence for resilient supply systems. Genf: World Economic Forum, 2022.

[6] Joint Research Centre, Solutions for a resilient EU raw materials supply chain. [Online]. Available: https://joint-research-centre.ec.europa.eu/jrc-news-and-updates/solutions-resilient-eu-raw-materials-supply-chain-2023-03-16_en (accessed: Nov. 25 2023).

[7] The White House, G7 leaders' statement on economic resilience and economic security. [Online]. Available: https://www.whitehouse.gov/briefing-room/statements-releases/2023/05/20/g7-leaders-statement-on-economic-resilience-and-economic-security/ (accessed: Nov. 25 2023).

[8] J. S. Srai, G. Graham, R. van Hoek, N. Joglekar, and H. Lorentz, *"Impact pathways: Unhooking supply chains from conflict zones: Reconfiguration and fragmentation lessons from the Ukraine-Russia war,"* International Journal of Operations & Production Management, vol. 43, no. 13, pp. 289–301, 2023, doi: 10.1108/IJOPM-08-2022-0529.

[9] D. Oezdemir, M. Sharma, A. Dhir, and T. Daim, *"Supply chain resilience during the COVID-19 pandemic,"* Technology in Society, vol. 68, no. 1, p. 101847, 2022, doi: 10.1016/j.techsoc.2021.101847.

[10] C. Freye, Bewertung der Anwendung des Process Mining im Lieferkettenmanagement: Eine empirische Untersuchung am Fallbeispiel eines Süßwarenherstellers. Wiesbaden: Springer Gabler, 2023.

[11] W. van der Aalst, Process mining: Data science in action, 2nd ed. Heidelberg: Springer, 2016.

[12] W. van der Aalst, *"Process mining overview,"* in Lectures Notes in Business Information Processing, Process Mining Handbook, W. van der Aalst and J. Carmona, Eds., Cham: Springer, 2022, pp. 3–36.

[13] B. Jokonowo, J. Claes, R. Sarno, and S. Rochimah, *"Process mining in supply chains: A systematic literature review,"* International Journal of Electrical and Computer Engineering, vol. 8, no. 6, p. 4626, 2018, doi: 10.11591/ijece.v8i6.pp4626-4636.

[14] K. Diba, K. Batoulis, M. Weidlich, and M. Weske, *"Extraction, correlation, and abstraction of event data for process mining,"*

WIREs Data Mining and Knowledge Discovery, vol. 10, no. 3, e1346, 2020, doi: 10.1002/widm.1346.

[15] C. Freye and M. Arica, *"Das Geheimnis hinter der Superkraft Resilienz,"* beschaffung-aktuell, vol. 9, pp. 30–31, 2023.

[16] K. A. Batterton and K. N. Hale, *"The Likert scale: What it is and how to use it,"* Phalanx, vol. 50, no. 2, pp. 32–39, 2017.

[17] S. Döringer, *"The problem-centred expert interview. Combining qualitative interviewing approaches for investigating implicit expert knowledge,"* International Journal of Social Research Methodology, vol. 24, no. 3, pp. 265–278, 2021, doi: 10.1080/13645579.2020.1766777.

[18] M. Werdich, FMEA: Einführung und Moderation: Durch systematische Entwicklung zur übersichtlichen Risikominimierung (inkl. Methoden im Umfeld), 2nd ed., 2012.

[19] M. M. Meyer, A. H. Glas, and M. Eßig, *"A Delphi study on the supply risk-mitigating effect of additive manufacturing during SARS-COV-2,"* Journal of Purchasing and Supply Management, vol. 28, no. 4, p. 100791, 2022, doi: 10.1016/j.pursup.2022.100791.

Synergetische Potenziale von Informationen aus diversen Verkehrsströmen für die Logistik

Jan Niklas Busch, Christina Tsiroglou, Petia Krasteva, Dr. Nadine Fritz-Drobeck

Zukunftslabor Mobilität

Im Rahmen des Zukunftslabors Mobilität, einer kooperativen Forschungsinitiative des Landes Niedersachsen, werden Zukunftsszenarien und -visionen der Mobilität für den öffentlichen/privaten Bereich sowie für die Logistik untersucht und als Grundlage bei der Konzipierung intelligenter Mobilitätslösungen verwendet.

Hierbei wurden insbesondere drei Szenarien herausgearbeitet, von denen das Trendszenario „Neues, grünes digitales Zeitalter" die wahrscheinlichste Zukunft für 2035+ darstellt. Dabei liegt der Fokus auf der potenziellen Nutzung von Daten aus diversen Quellen aus dem Mobilitätssystem.

Unter anderem wird systematisch untersucht, wie sich die Erkenntnisse aus dem Zukunftsszenario auf die zukünftige Logistik im Schienengüterverkehr und der Last-Mile-Logistik auswirken.

Ziele und methodisches Vorgehen

Ziel der Forschungsarbeit ist die systematische Ableitung einer Zukunftsvision, die eine mobilitätsträgerübergreifende Perspektive einnimmt. Dies inkludiert neben der öffentlichen Mobilität, beispielsweise in Form von PKW, Bussen oder Personenzügen auch die industrielle Mobilität, beispielsweise in Form von Logistiktransporten per LKW, Güterzügen oder Seeschiffen. Die angestrebten Ergebnisse der Forschungsarbeit im „Zukunftslabor Mobilität" basieren auf der Szenariotechnik, die mittels Schlüsselfaktoren und individuellen Projektionen einen Zukunftsraum abbilden. Bisher sind Forschungsarbeiten hier in der Regel auf einen bestimmten Aspekt (bspw. Produktentwicklung) oder einen bestimmten Bereich ausgerichtet und nehmen keine globalere Perspektive ein. Die angestrebte Zukunftsvision, soll unter anderem eine Synergie in Form von digitalen Daten aus beiden Bereichen (öffentlichen und industriellen Verkehren) ergeben, sodass potenziell die öffentliche Mobilität als auch die Logistik von einer Optimierung durch digitale Technologien profitieren.

Mittels der Szenariotechnik werden drei Szenarien für die Zukunft 2035+ abgeleitet. Hierbei handelt es sich um ein Best Case, ein Worst Case sowie ein Trendszenario. Zur

Veranschaulichung der Einordnung der drei Szenarien sowie der Streuung und Unsicherheiten, die der Zukunftsforschung unterliegen, dient die nachstehende Abbildung eines Szenariotrichters.

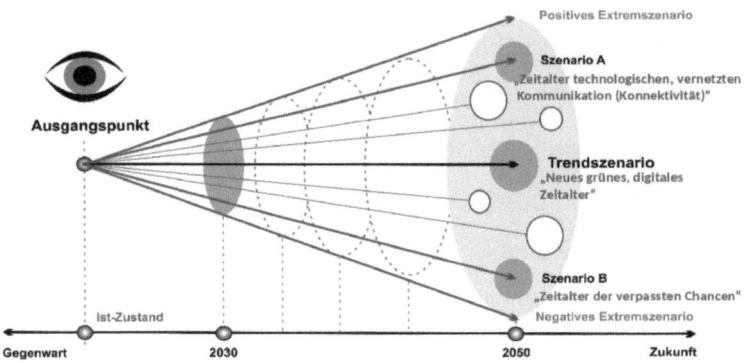

Abbildung 40: Denkbare Zukunftsszenarien

Im Kern der folgenden Betrachtung steht das Trendszenario „Neues, grünes digitales Zeitalter".

Trendszenario „Neues, grünes digitales Zeitalter"

Das Trendszenario „Neues, grünes digitales Zeitalter" beschreibt die Zukunft, welche mit der höchsten Wahrscheinlichkeit, unter Berücksichtigung von Einflüssen aus dem Kategorien Gesellschaft, Medien, Politik, Umwelt und Ökonomie, eintritt. Dabei werden die Schlüsselfaktoren „Energie", „Intelligente Mobilität", „Daten und Visualisierung", „Urbanisierung und Stadtentwicklung", „Sicherheit" und „neue Materialien" fokussiert.

138

Zusätzlich sind in der Betrachtung auch aktuelle Störereignisse, wie beispielsweise die Coronapandemie oder der Ukrainekrieg, eingeflossen.

Im Wesentlichen zeigt das Trendszenario für den Straßenverkehr die Anfänge eines vernetzten, automatisierten und kooperativen Verkehrs. Die Kooperation bezieht neben allen manuell bis automatisiert gesteuerten Fahrzeugen auch Radfahrer*innen, Fußgänger*innen und die lokale Infrastruktur ein. Auch wenn die Prognose für 2035 noch eine sehr geringe Anzahl von vollautomatisierten Fahrzeugen bzw. Verkehrsteilnehmer*innen voraussagt, wird hierbei ein kooperativer Mischverkehr der Verkehrsteilnehmenden erreicht. Die Digitalisierung der Fahrzeuge sowie der Infrastruktur und Nutzung der entstehenden Daten, ermöglichen es nicht nur Warnsignale zu übermitteln, sondern auch automatisierte Manöver zur Vermeidung von Kollisionen vorzunehmen. Ebenso können auch Maßnahmen zur Reduktion von Emissionen, Treibstoffverbrauch sowie Staubildungen berechnet und vorgeschlagen werden. Dies gilt sowohl für den Straßen- und Schienen- als auch den Seeverkehr.

Ein kooperativer Mischverkehr aus vernetzten, automatisierten und nicht automatisierten Verkehrsteilnehmenden sowie einer intelligenten Infrastruktur erfordert eine Fahrzeugautomation, die menschliche Fahraufgaben übernimmt bzw. den Fahrenden unterstützt. Hierzu werden Technologien und Algorithmen benötigt, die das Verhalten des Fahrzeuges in Kooperation mit zur Verfügung stehenden Informationen und Daten vorausplant und mit den anderen Verkehrsteilnehmenden abstimmt.

Virtuelle Haltestelle (Hub) eines autonomen Shuttles

Ein Beispiel für die Anwendung bzw. Technologieentwicklung, die im Trendszenario angedeutet werden, ist die virtuelle Haltestelle eines autonomen Shuttles.

Abbildung 41: Autonomes Shuttle

Hierbei werden Routeninformationen für intermodale Reisen und Ticketerwerb aus einer Hand vermittelt, zum Beispiel über eine Mobilitäts-App. Die Shuttles sind dabei rund um die Uhr im Einsatz und halten an virtuellen Haltestellen überall dort im Einsatzgebiet, wo Personen eine Beförderung per App angefragt haben. Dabei werden die Routen flexibel mit den anderen nachfolgenden Fahrzeugen, den Logistikeinheiten und anderen Verkehrsteilnehmenden abgestimmt, sodass auch bei kritischer Infrastruktur weiterhin ein reibungsloser Verkehrsfluss garantiert wird.

Ein weiterer Fall der mittels der autonomen Shuttles sowie der virtuellen Hub-Infrastruktur abgedeckt wird, ist die Warenversorgung und Last-Mile-Logistik. Hierzu werden die Shuttles um weitere kleinere Roboterfahrzeuge ergänzt, die ebenfalls in die Kommunikation eingebunden sind. Ziel ist die deutliche Reduktion der innerstädtischen Verteilverkehre und Logistik.

Da sich im Trendszenario Fahrzeuge mit unterschiedlichen Automatisierungsstufen im Verkehr begegnen, ergeben sich zudem neue Herausforderungen, die vor allem das Zusammenwirken von technischen Systemen und den Fahrzeugführenden mit unterschiedlichen Erwartungshaltungen und Einstellungen gegenüber neuen Technologien betreffen. Dies zeigt sich insbesondere in den Charakteristiken ihrer Informationsaufnahme und -verarbeitung sowie der Handlungsführung. Daher ist es notwendig an menschengerechten und konsistenten Interaktionsprinzipien und -designs zu arbeiten, um sicherheitskritische Missverständnisse zu vermeiden und die Akzeptanz autonomer Fahrzeuge zu fördern. Nur so ist der Weg frei für eine erfolgreiche Integration automatisierter Fahrzeuge in einen Mischverkehr.

Untersuchung der Schienennetze und -infrastruktur im Trendszenario

Der Güter- und Personenverkehr wird 2035+ im Vergleich zu heute deutlich zunehmen. Der Ausbau der Elektrifizierung der Bahn hat zu einer Reduktion der Treibhausgasemissionen und der Lärmbelastung geführt. Durch die zunehmende Vernetzung der Verkehrsträger und die Einführung einer Mobilitätsplattform wurde der Schienenverkehr besser in das Gesamtverkehrs-system integriert. Neue Standards, Kommunikationsprotokolle und Technologien wurden entwickelt, um das System vor Cyberangriffen und Hackerangriffen zu schützen.

Abbildung 42: Schienenanforderungen

Digitale Technologien wie das Internet der Dinge, Big Data Analytics, künstliche Intelligenz und der digitale Zwilling haben auch den Schienenverkehr 2035+ beeinflusst. Die Modernisierung schreitet jedoch deutlich langsamer voran als erwartet, und es treten zunehmend Probleme bei der Integration neuer Technologien oder Konzepte in bestehende Systeme auf.

Der Einsatz von automatisierten Zügen und Signaltechnik sowie der Einsatz von Hochgeschwindigkeitszügen schreitet voran, wird aber durch die langsamere Modernisierung und Erweiterung der Schieneninfrastruktur gebremst. Die meisten Schienennetze wurden vor vielen Jahren gebaut und entsprechen oft nicht den heutigen Anforderungen. Modernisierungen sind teuer. Die Förderprogramme der letzten Jahre waren immer kurzfristig ausgerichtet. Eine langfristige Unterstützung durch die Politik hätte den Schienenverkehr 2035+ deutlich vorangebracht. Sparmaßnahmen der Politik aufgrund der wirtschaftlichen Entwicklung, hohe Energiekosten, Kriege und Umwelt-katastrophen haben aber auch vor den Fördermaßnahmen für die Schieneninfrastruktur nicht Halt gemacht.

Ein weiteres Problem ist die Interoperabilität zwischen verschiedenen Bahnsystemen und Betreibern, da es keine einheitliche technologische Plattform gibt, die von allen verwendet wird. Die Entwicklung interoperabler Systeme erfordert daher eine enge Zusammenarbeit und Koordination zwischen den verschiedenen Parteien.

Die Auswirkungen sind 2035+ spürbar, Streckensperrungen, Zugausfälle und Verspätungen gehören heute zum Alltag.

Um eine moderne und effiziente Schienenpolitik zu verfolgen, sind folgende Anforderungen wichtig:

- Ausbau der Infrastruktur und Optimierung der Signal-systeme sowie eine Verbesserung der Betriebsabläufe

- Kundenspezifische Servicegestaltung nach den Bedürfnissen der Fahrgäste

- Verbesserungen bei der Wartung, Infrastruktur und Technologie, um die Pünktlichkeit zu verbessern

- Anpassung an neuen Technologien, um wettbewerbsfähig zu bleiben

- Voranschreiten der Digitalisierung der Bahn, um den Betrieb effizienter und kundenfreundlicher zu gestalten

- Konzentration auf Nachhaltigkeit

- Gerechte Verteilung der Finanzierung des Schienenverkehrs zwischen Bund, Länder und Bauunternehmen

- Erschwingliche Preisgestaltung der Bahnfahrkarte

Vorteile der Synergien für die Logistik

Zusammenfassend kann festgehalten werden, dass die Zukunftsszenarien insbesondere für die Logistik im Innenstadtbereich (Last-Mile) sowie bei der Verlagerung auf die Schiene Veränderungen aufzeigen.

Im Speziellen wird der Bereich der Last-Mile-Logistik durch die Nutzung von KI-gesteuerten Shuttlen, die sowohl für den

Personen- als auch für den Güterverkehr genutzt werden können, erweitert.

Durch die Auswertung von Daten aus unterschiedlichen Quellen, wie bspw. der Infrastruktur oder aller Verkehrsteilnehmenden, lassen sich zukünftig Verkehrsflüsse und Bedürfnisse der Verkehrsteilnehmer*innen an Land und See besser abbilden, kombinieren und steuern. Wie genau wird demnächst anhand konkrete Beispielsituationen aus dem Trendszenario analysiert und veranschaulicht, um weitere Anforderungen zu identifizieren, die bei der Konzeption neuer Mobilitätslösungen berücksichtigt werden sollen.

Zukunftslabor Mobilität: gefördert vom Niedersächsischen Ministerium für Wissenschaft und Kultur unter Fördernummer ZN3493 im Niedersächsischen Vorab der Volkswagen Stiftung und betreut vom Zentrum für digitale Innovationen (ZDIN).

MITO – Tool – Datenbasis als Voraussetzung für KI – Modellbildung im Produktions- und Logistiksystem

Prof. Dr.-Ing. Hartmut F. Binner

Prof. Binner Akademie

1. Einleitung

Internet of Things (IoT) beschreibt ein Digitalisierungskonzept, bei dem sämtliche physischen Gegenstände der realen Welt im Internet miteinander vernetzt sind, um damit eine Kommunikation & Zusammenarbeit zwischen diesen Gegenständen zu ermöglichen. Speziell in der produzierenden Industrie, d.h. bei der maschinellen Produktion und in der Logistik wird dieses Konzept auch als Industrie 4.0 bezeichnet.

Die Prozessdigitalisierung als Zielsetzung des Industrie 4.0-Konzeptes ist zusammen mit der organisationalen Transformation und der Wertekulturtransformation die Voraussetzung für die erfolgreiche Umsetzung einer ganzheitlichen Businessmodell-Transformation. Abbildung 43 zeigt die Hauptzielsetzungen der Prozessdigitalisierung in Bezug auf die im BPMN

2.0 Prozessvisualisierungsstandard enthaltenen rollenbezogene
Swimlane – Prozessdarstellung.

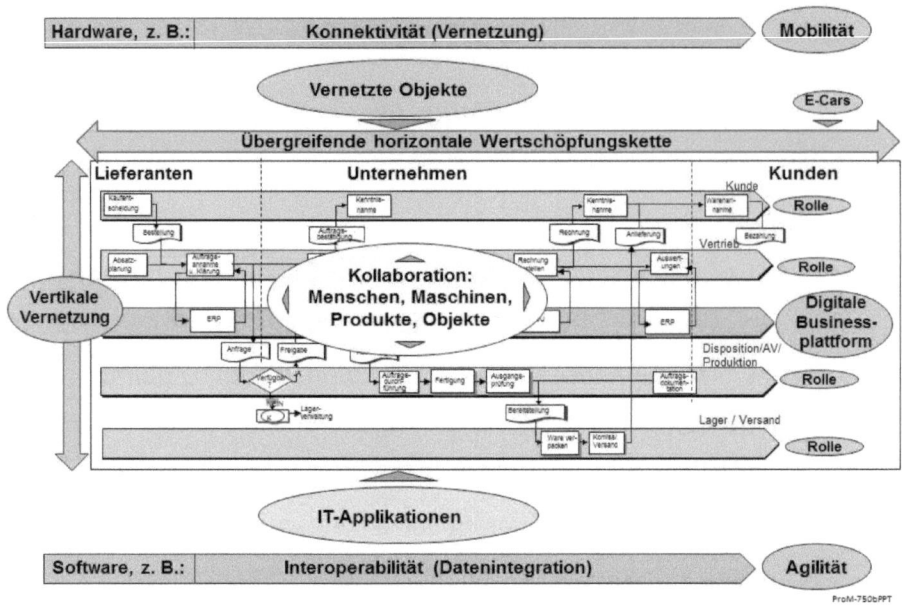

Abbildung 43: Hauptzielsetzung der Prozessdigitalisierung

Die Bedeutung der Prozessdigitalisierung für die Businessmodell-Transformation liegt darin, dass die bisher
organisatorisch wie auch IT-technisch getrennte Betrachtung der
Prozessteilflüsse mit den abteilungsbezogenen d.h. vertikalen
Applikationslösungen auch Silos genannt jetzt über das Internet
miteinander vernetzt werden. Damit wird eine umfassende
integrierte Informations- und Kommunikationsdurchdringung der
horizontalen Wertschöpfungskette möglich, die auf den Kunden

ausgerichtet ist. Gemeint ist damit beispielsweise, dass der übergeordnete Planungs-, Steuerungs- und Controllingfluss, der durch ERP/PPS-Systeme abgebildet wird, verknüpft ist mit dem Arbeitsfluss auf der Shop-Floor-Software-Ebene, d. h. mit den MES-, BDE- und Workflow-Lösungen ebenso wie die Zeiterfassungssysteme.

2. Rollenbezogene ERP – System und MES – Implementierung

Enterprise Resource Planning (ERP) - Systeme liefern vorgabeseitig Informationen für die effiziente Planung und Steuerung der Aufträge in der Produktion. MES - Systeme erfassen rückmeldeseitig auf der Shop Flor - Ebene eine große Zahl von Produktionsdaten in Echtzeit, die anschließend mit Unterstützung von Machine Learning - und KI - Tools die Statusinformation für vorausschauendes Handeln den Prozessbeteiligten zur Verfügung stellen.

ITA Automotive Service Partner e.V. (ITA) und der Verband der Automobilindustrie e.V. (VDA) haben in einem gemeinsamen Projekt zusammen mit ihren Mitgliedsunternehmen Anforderungen an ERP- und EDI-Systeme und deren prozess-orientierte Implementierung definiert, die die Grundlage für Audits einer akkreditierten ERP – Implementierungs –

Zertifizierung sind und an denen sich Automobilzulieferer bei Ihrer Systemauswahl orientieren können. Bezugspunkt für die Zertifizierung ist ein von der ITA-Mittelstandsinitiative erarbeiteter ERP/PPS-Funktionskatalog, zusammen mit einem 3-phasigen MITO-Vorgehensmodell zur Systemimplementierung ERP-, PPS- und EDI-Systemanbieter können sich über die akkreditierte Zertifizierungsgesellschaft GüteZert in Wiesbaden für die Anwendung dieses prozessorientierten Implementierungsmodells zertifizieren lassen. Damit wird der Nachweis erbracht, dass eine an den Geschäftsprozessen des Kunden orientierte ERP/PPS- und EDI-Systemeinführung durch den Systemanbieter garantiert wird.

In gleicher Weise wurde vom ITA Arbeitskreis „MES in der Automobilindustrie" ein prozessorientierter MES - Funktionskatalog mit einem 3 - Phasen Implementierungs-Vorgehensmodell für MES - Anbieter entwickelt, dass ebenfalls im Auftrag der ITA von der akkreditierten Zertifizierungsgesellschaft „Gütezert" in Wiesbaden zertifiziert wird. Das prozessbezogene Zusammenspiel zwischen zertifizierten ERP - System und MES als Regelkreis innerhalb des MITO – Business Modell zeigt Abbildung 44 .

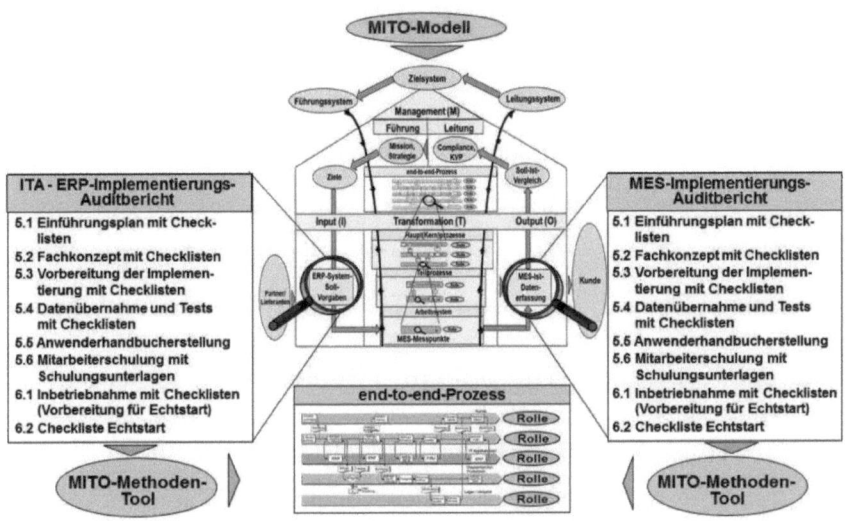

Abbildung 44: ITA-MITO-ERP- und MES-Implementierungs-Audit

Das MITO-Modell bildet den in allen integrierten Management-systemen (IMS) geforderten prozessorientierten Ansatz mit seinen fünf Schritten:

1. Prozesse definieren, 2. Prozesse planen, 3. Prozesse durchführen, 4. Prozesse messen, 5. Prozesse verbessern.

ebenso wie den PDCA-Verbesserungszyklus von Demming oder die RADAR-Logik des Business Exzellenzmodells der EFQM in den vorgegebenen High Level-Strukturen (HLS) für integrierte Managementsystem (IMS) innerhalb der 5 MITO – Modellsegmente mit

„Führung, Input, Transformation, Output, Leitung"

als Regelkreis ab .

Aus ganzheitlicher Gestaltungsicht lassen sich die Anforderung, Ziele, Aufgaben, Kennzahlen und weitere Parameter den einzelnen oben genannten MITO - Modellsegmenten zuordnen und anschließend in Form von MITO - Portfoliomatrizen für die:

„Analyse, Diagnose, Therapie und Evaluierung"

der jeweiligen Problemstellung im MITO-Methoden-Tool zur Verfügung stellen. Anwendungsfelder sind beispielsweise die Implementierung bzw. Umsetzung von Change-, Nachhaltig-keits-, IMS-, IT-, Qualitäts- oder Prozessmanagement mit den dazugehörenden IT – Applikationen wie z.B. ERP– und MES – Systemen. Die Ergebnisse der Zielerfüllungs– und Wirk-samkeitsprüfungen sowie Audits werden als digitale Nachweise für Präqualifikationen, Zertifizierungen oder EU-Berichts-standards bereitgestellt.

Ergänzend dazu wurde im gleichen ITA – Arbeitskreis: „MES in der Automobilindustrie" ein Leitfaden mit dem Titel:

Manufacturing Execution Systems In Automobilindustrie

- MES-Funktionsbereiche und Prozesse für OEM´s und Zulieferer –

entwickelt, der die in der VDI-Lichtlinie 5600 „Manufacturing Execution Systems" beschriebenen MES-Aufgaben und die Bedeutung von MES für Unternehmensprozesse speziell für die branchenspezifische Besonderheiten der Automobilindustrie und deren Zulieferer an die IT-Unterstützung konkretisiert

Ziel des o.g iTA-MES-Leitfadens ist es, Automobil- und Zuliefererunternehmen eine Empfehlung zu geben, anhand dessen die Auswahl von MES-Funktionen für spezifische Anforderungen der Brache durch Einsatz des MITO – Methoden – Tools zu erleichtern. Die Empfehlung soll speziell mittel-ständischen Zulieferern eine Hilfestellung geben, um zukunfts-orientiert und systematisch geeignete produktionsnahe IT-Funktionen auszuwählen und einzuführen.

3. Echtzeit – Produktions – und Logistik- Datenerfassung

Grundlage für die Digitalisierung des Produktions - und Logistikprozesses sind Daten, die in Echtzeit während der maschinellen Produktherstellung generiert werden. Diese Daten werden für eine lückenlose Auswertung in einer nachfolgend erklärten Verwaltungsschale, die alle beteiligten ASSETS, d.h. z.B. Maschinen, Werkzeuge, Materialien, Fördermittel, IT-

Applikationen und weitere Dokumente als digitalen Zwilling abbildet, erfasst und analysiert. Insbesondere sind hier die Metadaten besonders im Fokus. Als Metadaten bezeichnet man die beigefügte Dokumentation der Daten. Dieses umfasst zum Beispiel die Herkunft der Daten, den Dateien Typ, das Format und die Uhrzeit der Erstellung. Weitere wichtige Daten werden auch direkt vom ERP-System bereitgestellt. Diese ERP - Auftragssplanungs und Steuerungsdaten ermöglichen mit den Echtzeit - Produktionsdaten einen 360 * Blick über die Produktion und alle damit verbundene Prozesse von der Beschaffung über die Disposition und Bestandsführung bis zum Vertrieb. Die ERP - und MES - bezogenen Industrie 4.0 Ziele sind in Abbildung 45 gezeigt. Ohne die Vernetzung der ERP- Vorgabedaten und anderen IT Systemen mit den Echtzeit - MES - Daten im Internet wäre diese Zielerreichung nicht möglich.

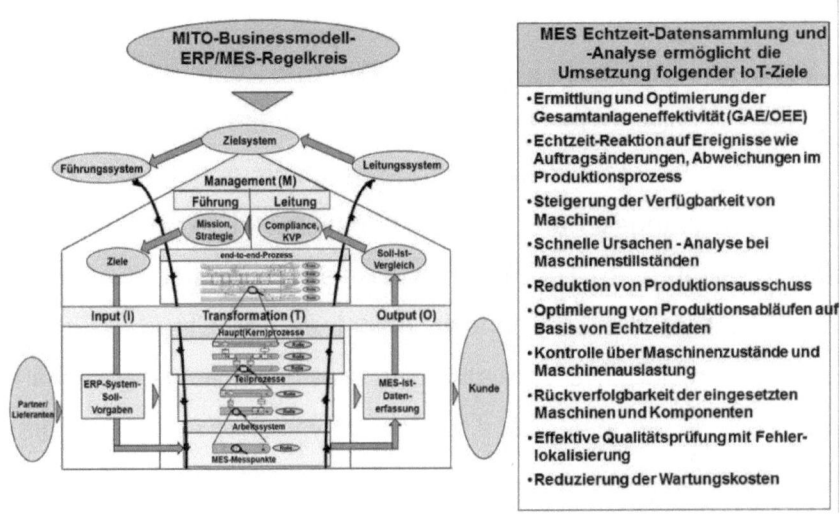

Abbildung 45: ERP und MES-bezogene IoT-Ziele

Die Produktions- und Logistik - Ist - Datenerfassung erfolgt über Sensoren und Aktoren in Echtzeit. Hierbei handelt es sich beispielsweise um Temperatur-, Druck-, Feuchtigkeits-, Beschleunigungs-, Antriebs-, Funk -, Ultraschall-, Bewegungs-, Licht -, Optische -, Rotlicht - oder Lasersensoren.

Diese Sensoren erfassen beispielsweise Prozesszustandsdaten, Verbrauchsdaten, Nutzungsdaten, Leistungsdaten, Über-wachungsdaten, Frachtzustände in der Logistik, Lagersystem-, Positionsdaten und viele weitere. Gesammelt werden diese Daten in einer Verwaltungsschale für die standardisierte Erstellung eines digitalen Zwillings.

4. Verwaltungsschale ermöglicht Digitale Zwilling – Bildung

Für die durchgängige Umsetzung von Industrie 4.0 (14.0) hält jedes IoT - Objekt oder Gegenstand (auch als Asset bezeichnet) eine Verwaltungsschale, in der sämtliche Informationen und Funktionalitäten in Teilmodellen als eigenständige Software-komponenten, die sich in der Regel in der Cloud befindet, beschrieben sind. Die Verwaltungsschale ermöglicht das digitale Abbild eines Gegenstands, d.h. eines physischen Assets in Form eines digitalen Zwillings.

Die Kernelemente einer Verwaltungsschale (VWS) oder englisch „Asset Administration Shell (AAS)" sind standardisierte maschineninterpretierbare Informationsmodelle, die die Konfi-gurationsparameter, Attribute und Dokumente sowie das Verhalten und die Fähigkeiten von physischen oder logischen IOT - Objekten. d.h. Produkten, Prozessen, Anlagen, Maschinen, Bauteilen, Fördermittel, ERP -, MES-, PLM -, CAD - Systeme und deren Komponenten in Form von Tellmodellen mit stand-ardisierten Eigenschaften darstellen. Jedes Asset wie beispiels-weise ein Prozessarbeitsschritt an einem Bauteil auf einer Maschine kann über seine eigene Verwaltungsschale weltweit identifiziert und angesprochen werden. Diese Verwaltungs-schalen bieten Schnittstellen an, über die Daten ausgetauscht werden oder agieren als aktive AAS als autonom arbeitende Einheiten in Beziehung zu anderen Asset . Nutzer erhalten über unterschiedliche Schnittstellen auf verschiedene Weise Zugriff auf die Inhalte der Verwaltungsschale. Die Verwaltungsschale interagiert mit dem Asset und ist in eine IT - Infrastruktur eingebunden, in der Security, Vertraulichkeit und Integrität sowie das Auffinden im IP-Adressen Raum organisiert werden.

Der Begriff „Verwaltungsschale" basiert auf der Überlegung, dass sie die Informationswelt des betrachteten Assets wie eine Schale umschließt. Die Verwaltungsschale wird dadurch zum digitalen Zwilling des betrachteten Gegenstandes beziehungs- weise ASSETS. Auf diese Weise werden völlig neue Wertschöpfungsketten in der Industrie 4.0 ermöglicht.

5. KI – Einsatz im Industriekonzept 4.0

Mit den Echtzeitdaten der in der Cloud eingebunden MES - Sensoren werden digitale Simulationen über die in der Verwaltungsschale abgebildeten digitalen Zwillinge im Produktions- und Logistiksystem durchgeführt. Hierbei kommen immer stärker KI. - gestützte Industrie 4,0 Lösungen zum Einsatz. In Abbildung 46 sind eine ganze Anzahl von KI - Modell Aussagen über immer komplexer werdende „What - if'- Fragen in den einzelnen genannten Themenbereichen genannt, die eine durchgängige Automatisierung und damit eine Optimierung der

Prozessabläufe ermöglichten. Die beteiligten Maschinen und Anlagen können sich selbst optimieren, weil über die erfassten MES - Daten sofort Datenmuster und Zusammenhänge erkannt werden, die anschließend automatisch für Verbesserungen Anwendung finden.

Diese MES - Daten finden auch Verwendung bei einem AR - System (Argumented Reality = erweiterte Realität) mit dem Ziel, eine Ausweitung der Sinneswahrnehmung des Menschen durch die Erfassung und Bereitstellung von Umgebungsdaten über Einblendung in der Sichtfeld des Betrachters vorzunehmen. Bei der virtuellen Realität, (VR = Virtual Reality) wird dagegen die reale Umgebung durch eine simulierte virtuelle Umgebung ersetzt. Das KI – Assistenzsystem kann durch visuelle Anweisungen selbst wenig erfahrene Mitarbeiter effektiv im Arbeitsprozess anleiten und schulen. Dies führt zu einer niedrigeren Fehlerquote und einer höheren Produktivität für das Unternehmen und weniger Stress für den Mitarbeiter.

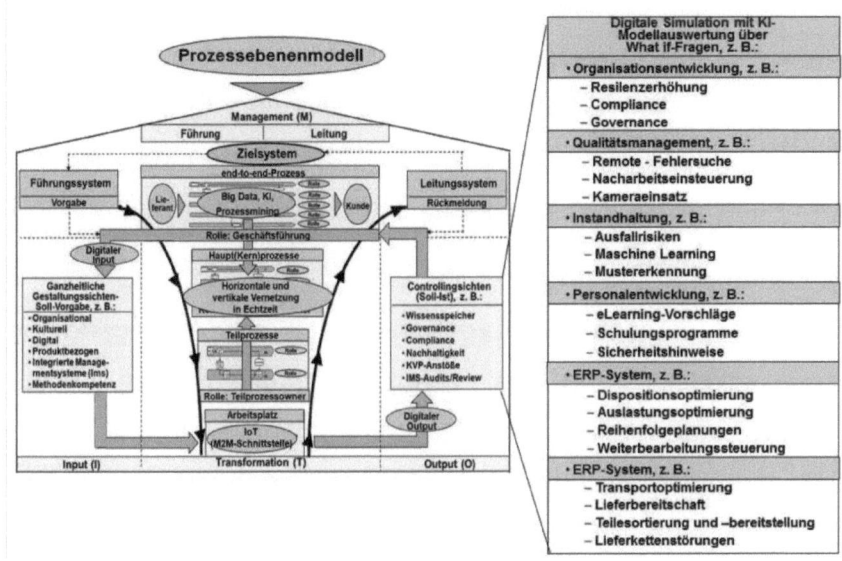

Abbildung 46: KI-Modell-Produktions- und Logistikdaten

Die KI - Modelle prognostizieren aufgrund aktueller Echtzeitdaten die zukünftige Entwicklung und geben die Erkenntnisse an
das Bedienungspersonal oder an andere IT - Applikationen wie
beispielsweise an das ERP-System zur Auswertung weiter.
Hierbei unterstützen das KI - System beispielsweise auch
hochauflösende Kameras mit großem Industrie - PC-Bildschirm
und einer integrierten Software zur Bildverarbeitung, um die
bearbeiteten Teile ohne Zeitverlust an die nachfolgenden
Maschinen weiterzuleiten und dabei die fehlerhaften Teile
auszusortieren, um sie automatisch für eine Nachproduktion
einzuplanen. Das gleiche Verfahren findet auch bei

Zerspanungsprozessen Anwendung. Der über die MES-Echtzeitdatenerfassung entstehende Datenbestand wandert über den gesamten Lebenszyklusprozess vom Engineering bis zur Produktion mit und gewährleistet einen durchgängigen Informationsfluss für weitere KI- Einsätze.

6. Zusammenfassung

Das hier vorgestellte Vorgehensmodell zur durchgängigen Prozessdigitalisierung basiert auf der konsequenten Durchsetzung des betrieblichen Regelkreismodells. Vorgabeseitig stellt das cloudbasierte ERP - System die Auftragsdaten zur Planung und Steuerung der Auftragsdurchführung im Produktions- und Logistikprozess zur Verfügung, das rückmeldeseitig agierende MES erfasst die Daten in Echtzeit und stellt sie einer Verwaltungsschale für die Abbildung des digitalen Zwillings für die einzelnen im betrachteten Produktionssystem beteiligten ASSETS zur Verfügung. Die anschließende digitale Simulation ermöglicht mit Unterstützung von KI - Modellen sehr detaillierte Aussagen über die zukünftige Entwicklung von vielen unterschiedlichen Produktions - und Logistiksystemkomponenten. Wie im Beitrag ausgeführt, zum Beispiel für das Qualitätsmanagement, Instandhaltungsmanagement, Personalmanagement, Lieferkettenmanagement, Energiemanagement und weiterer Themenfelder.

Voraussetzung ist eine transparente Dokumentation der prozessorientierten Organisation mit der Dokumentation aller in einem Unternehmen ablaufenden Geschäftsprozesse innerhalb der fünf MITO - Modellsegmente, d.h. der Führungsprozesse, vorgelagerten Unterstützungsprozesse, Kernprozesse, nachgelagerten Unterstützungsprozesse und Leitungsprozesse. Diese Dokumentation ist nicht nur die Grundlage für eine ganzheitliche Digitalisierung sondern auch beispielsweise für die Corporate Governance Umsetzung, die Implementierung Integrierter Managementsysteme (IMS) oder für die Erfüllung der EU – Nachhaltigkeitsberichtsstandards. Aufgrund des gemeinsamen MITO - Modell - Ordnungsrahmens bei der Gestaltung der prozessonentierten Organisation mit der Ableitung des unternehmensspezifischen:

- MITO - Geschäftsmodell
- MITO - Prozessmodell
- MITO - Corporate Governance - Modell
- MITO - IT - Enterprise Architecture Modell
- MITO - BSC - Kennzahlen (KPI) /Modell

kann unter Einsatz von Künstlicher Intelligenz (KI) eine digitale Vernetzung dieser Modelle hergestellt werden, die eine branchenspezifische durchgängige Wertschöpfungsketten-optimierung unterstützt.

Neben den Regelkreisstrukturvergaben des MITO - Modells unterstützt auch das MITO - Methoden Tool die Anwender bei einer großen Anzahl digitaler Fragestellung mit der Analyse, Diagnose, Therapie und Evaluierung der einzelnen relevanten Problemstellungen. Beispielsweise beim standardisierten ITA – Vorgehensmodell mit dem MITO - Tool – Zertifizierungaudit zur prozessorientierten ERP – und MES - System - Einführung Die grafischen MITO – Ergebnisdarstellungen werden in Form digitaler Nachweise für die EU - Berichtsstandards, Zertifizierungen und Präqualifizierungen zur Verfügung gestellt.

7. Literaturverzeichnes

Binner, Hartmut F. *Methoden-Baukasten für ganzheitliches Prozessmanagement*, ISBN 978-3-658-08408-0, ISBN 978-3-658-08409-7 (eBook), Springer/Gabler Verlag, 246 Seiten, September 2015.

Binner, H.F.: „*Organisation 4.0: MITO-Konfigurations-Management*", Springer Vieweg-Verlag, 2018, 597 Seiten, Preis: 54,98 Euro, Hardcover+eBook ISBN: 978-3-658-20661-1.

Binner, H. F.: *Ganzheitliche Businessmodell-Transformation mit dem MITO-Organisation 4.0-Ansatz*; bookboon (The eBook company), 1. Auflage, 2018, 93 Seiten, Preis: 8,99 Euro, ISBN: 978-87-403-2579-9

Binner, H. F.: *Systematische MITO-Businessmodellentwicklung: Leitfaden zur Outputorientierten Unternehmensführung,* 1. Auflage, © 2020, 82 Seiten, bookboon.com. ISBN: 978-87-403-3254-4

Binner, H. F.: *Ganzheitliche Businessmodell-Transformation - Systematische Prozessdigitalisierung mit der Unterstützung des MITO-Methoden-Tools* -, Neuerscheinung, Springer Vieweg Verlag, Juli 2020, 260 Seiten, ISBN 978-3-658-30232-0, Hardcover + E-Books , 38,86 Euro

Binner, H. F.: *Holistic Business Model Transformation,* Springer Vieweg-Verlag, 2022, 1. Auflage, 296 Seiten, ISBN 978-3-658-37366-5,

Prof. Dr.-Ing. Marcus Seifert ist Professor für Logistik an der Hochschule Osnabrück. Er leitet das Institut für Produktion und Logistik – Logis.Net in der Science to Business GmbH der Hochschule Osnabrück und ist Arbeitskreisleiter für technische Logistik im VDI Bezirksverein Osnabrück-Emsland.

Das Institut für Produktion und Logistik – Logis.Net an der Hochschule Osnabrück ist ein Kompetenzzentrum zum Wissenstransfer von der Forschung in die Wirtschaft und berät Unternehmen aller Größenordnungen in Fragen der Logistikplanung, Prozessentwicklung und –digitalisierung. Logis.Net wird geleitet von Prof. Dr.-Ing. Marcus Seifert und arbeitet eng mit dessen Forschungsgebiet an der Hochschule Osnabrück zusammen, um sowohl Forschungsarbeiten als auch Praxisprojekte synergetisch zusammenzuführen.

Ergebnisse von Forschung und Transfer werden u.a. in dieser Schriftenreihe veröffentlicht. In Ihr werden unter anderem Tagungsbände, Sammelbände zu ausgewählten Forschungsthemen und Dissertationen veröffentlicht und einem weiten Interessentenkreis zugänglich gemacht.

Der Herausgeber der Schriftenreihe

Prof. Dr.-Ing. Marcus Seifert

Osnabrücker Schriften zu Produktion und Logistik

Herausgegeben von Prof. Dr.-Ing. Marcus Seifert

Band 1: Nachhaltige Antriebskonzepte im Straßengüterverkehr – Entwicklung und Perspektiven. Tagungsband zum 3. Osnabrücker Logistik Forum, November 2021.

Band 2: Resilienz von Lieferketten in Produktion und Logistik – Konzepte, Instrumente, Erfahrungsaustausch. Tagungsband zum 4. Osnabrücker Logistik Forum, November 2022.

Band 3: „Digitalisierung und KI in der Logistik" – Neue Konzepte, Erfolgsfaktoren und Best Practice. Tagungsband zum 5. Osnabrücker Logistik Forum, November 2023.